Wenn Sie die Art und Weise ändern, wie Sie die Dinge betrachten, ändern sich die Dinge, die Sie betrachten.

Max Planck (1858-1947)
Begründer der Quantenphysik, Nobelpreis 1918

FSC
www.fsc.org
MIX
Papier aus ver-
antwortungsvollen
Quellen
Paper from
responsible sources
FSC® C105338

Udo Brückmann

Die Brückmann-Methode
Erlebbare Wege
in fantastischen Welten

Coachings

BOOKS ON DEMAND

Bibliografische Information der Deutschen Nationalbibliothek:
Die Deutsche Nationalbibliothek verzeichnet diese Publikation in der
Deutschen Nationalbibliografie; detaillierte bibliografische Daten
sind im Internet unter *http://dnb.d-nb.de* abrufbar.

Copyright © 2021 Udo Brückmann
Herstellung und Verlag: BoD – Books on Demand, Norderstedt
Umschlag: Udo Brückmann
Printed in Germany

ISBN 978-3-7534-4358-4

Inhalt

Vorwort

Die Brückmann-Methode, die meinen Namen trägt und hiermit erstmals der Öffentlichkeit vorgestellt wird, birgt ein Potential in sich, um das Coaching Business nachhaltig zu bereichern.

Um die Methode zu entwickeln und diese Zeilen schreiben zu können, hat es 35 Jahre gebraucht, in denen ich mich mit unterschiedlichsten spirituellen Themen beschäftigt habe. Die Quantenphysik und die Quantenheilung sind dabei immer mehr in den eigenen Fokus der Faszination gerückt.

Im Grunde aber hat alles mit einem Nah-Tod-Erlebnis vor langer Zeit begonnen, das mein Leben nach einer verschleppten Infektion buchstäblich aus der Bahn geworfen hat: Während des Zustandes zwischen Leben und Tod bin ich als junger Mensch nicht nur für eine gewisse Zeit außerhalb meines physischen Körpers gewesen, sondern habe diesen Körper sehr klar und deutlich von außerhalb beobachten können! Und das, was ich beobachtet habe – so die Erkenntnis – kann ich ja nicht sein, denn der Beobachter ist ganz offenbar etwas völlig anderes als der physische Körper, mit dem er dennoch verbunden ist. Hätte sich die Verbindung gelöst, sodass ich gestorben wäre, wäre demnach nur mein physischer Körper gestorben, mein Erfahrungs-Apparat. Das Leben an sich, so die Überlegung damals, muss also sehr viel komplexere Angelegenheiten beinhalten, als nur die drei Dimensionen unserer materiellen Existenz. Seitdem setze ich mich mit dem allumfassenden Thema des menschlichen Bewusstseins auseinander. Dazu gehört auch das einflussreiche, doch wenig greifbare Unterbewusstsein als Bestandteil einer jeden Persönlichkeit.

Eines Tages habe ich mich gefragt, wie es gelingen kann, die eigenen Träume so zu nutzen, dass man sich nach dem Aufwachen an sämtliche Details genau erinnern kann, um die Botschaften aus der Traumwelt und somit aus dem Unterbewusstsein zu verstehen, und daraus die entsprechenden Erkenntnisse zu gewinnen. Die Antwort lautet: Gar nicht. Jeder von uns bleibt nämlich stets der Träumende, der sich an das Geträumte nicht oder nur vage erinnert. Alles zerrinnt bruchstückhaft zwischen den Fingern und ist einfach wieder weg. Ebenso macht es daher wenig Sinn, das Unterbewusstsein aufwendig neu zu programmieren oder neu auszurichten, wenn letzten Endes die Ergebnisse unbefriedigend bleiben. Auch luzides Träumen oder Klarträume –

man träumt und ist sich darüber im Klaren, dass man träumt – empfinde ich als ungenügend, da die gewünschten Ergebnisse Zufallstreffer sind.

Meine Coaching-Methode zeigt dem Anwender hingegen die Möglichkeit, die meist unzugängliche Traumwelt der freien Fantasie, die im Schlaf weitgehend das Unterbewusstsein betrifft, in die bewusste Realität zu holen, um sie dort interaktiv erfahrbar zu machen. Mehr noch: In der Methode geht es darum, in ein höheres Bewusstsein und damit in eine Wirklichkeit zu gelangen, die unserer dreidimensionalen Existenz weit übergeordnet ist. Damit dieser „Zustand der Erkenntnis" zuverlässig erreicht werden kann, kommen Elemente aus der Quantenheilung zur Anwendung, kombiniert mit einer besonderen Form der „Lichtatmung", mit dem Sie Ihren Doppelgänger erschaffen, Ihren Licht-Zwilling.

Die Voraussetzung dafür ist: Sie sollten ein visueller Mensch sein, denn die Intensität der Vorstellungskraft oder Imagination macht einen großen Teil des Erfolges aus, um mit der Methode zu arbeiten. Am Rande bemerkt ist es natürlich möglich, Visualisierungen mit entsprechenden Übungen zu trainieren.

Es ist wichtig zu erwähnen, dass die Coachings nichts mit Rollenspielen zu tun haben, bei dem Sie eine andere Identität annehmen, um Ihren Problemen und Sorgen zu entfliehen. Wäre dies der Fall, würden Sie lediglich als Ihr Ego agieren, als Ihre Persönlichkeit mit seinem begrenzenden Verstand und letztlich wieder mit seinem Unterbewusstsein, das wie gewohnt das Steuer übernehmen möchte.

Durch die Identifikation mit der Figur, die Sie während des Coachings innerhalb einer von Ihnen gewählten „fantastischen Welt" verkörpern, werden Sie selbst zu dieser Figur. Für die Dauer des Coachings sind Sie diese individuelle Figur, die es vorher in der fantastischen Welt noch nie gegeben hat! Da Sie sozusagen zu zweit unterwegs sind, nämlich gemeinsam mit Ihrem Licht-Zwilling, wird Ihr Unterbewusstsein ausgetrickst und ins Abseits gestellt. Auf diese Weise können Sie sich dem Bewusstsein höherer Dimensionen öffnen, denn Sie selbst sind wie jedes Lebewesen von Natur aus ein Energiekörper in verschiedenen Stufen der energetischen Verdichtung. Sonst wären die Effekte der Quantenheilung nicht zu erklären. Ganz nebenbei sind Sie nicht mehr mit Ihrem Ego oder Ihrem ICH identifiziert, sondern mit Ihrem ICH BIN. Sie lernen dabei, die spirituelle Verantwortung für sich selbst zu übernehmen, denn für ausnahmslos alles, was Ihnen im Leben widerfährt, tragen allein Sie die Verantwortung.

Die Brückmann-Methode möchte Sie dabei an die Hand nehmen, Ihr eigentliches schöpferisches Wesen zu entdecken, ganzheitlich zu begreifen und positiv einzusetzen. Nicht in der Theorie, sondern in der Praxis – für ein besseres Leben nach Ihren ganz persönlichen Bedürfnissen und Maßstäben.

Nach jedem Kapitel finden Sie jeweils auf einer Extra-Seite eine kurze, inhaltliche Zusammenfassung, um eine praktische Arbeit mit diesem Buch zu erleichtern.

Als Coach und Berater ist es mir eine ebenso große Freude wie Erfüllung, im Bereich der mentalen Lebenshilfe tätig zu sein.

Möge die Methode dem lichtvollen Wohl der Menschen dienen.

Udo Brückmann, im März 2021

„Die Brückmann-Methode – Erlebbare Wege in fantastischen Welten" ist sowohl durch das Urheberrecht als auch durch eine notarielle Beurkundung rechtlich geschützt.

Einführung

Bei der Brückmann-Methode handelt es sich nicht um eine klassische Meditation, sondern um eine mentale Begleitung in fantastische Welten, die Sie in einer zuvor getroffenen Auswahl selbst bestimmen. Mehr dazu im nächsten Kapitel.

Als Autor von fantasievollen Geschichten und einer jahrelangen Auseinandersetzung mit Bewusstsein und Quantenheilung ist es mein Anliegen, diese Bereiche in meinen Coachings zu vereinen. Die freie Fantasie ist die höchste Schöpferkraft, die jedem Menschen uneingeschränkt zur Verfügung steht. Aktiviert und verbindet man diese Kraft mit der Intuition, der Inspiration, der inneren Stimme oder dem „Bauchgefühl", öffnet sich eine allumfassende Quelle der Kreativität und Wunder, welche die Antworten auf alle Fragen bereithält und weit darüber hinausreicht. Der Mensch wird selbst zu einem Schöpferwesen als Teil des universellen Ganzen. Dies kann, wie bereits erwähnt, auch in Träumen geschehen, nur agiert dort das Unterbewusstsein, sodass die geträumten Ereignisse nur eine diffuse Erinnerung bleiben und in der Realität meist nichts bewirken können.

In den Coachings nach meiner Methode geht es

deshalb darum, eine bewusste Verbindung herzustellen, um gleichzeitig den Fokus von Verstand und Ego abzuziehen und schließlich auf das Herz zu lenken. Denn dies ist der Ort und gleichzeitig der metaphysische Bereich, in dem Ihnen ehrliche und „ungefilterte" Antworten übermittelt werden können.

Dazu gehören auch solche, die Sie eigentlich gar nicht hören möchten! Genau das ist damit gemeint, die mentale Verantwortung für sich selbst zu übernehmen, um aus der eigenen Komfortzone herauszutreten. Das hier ist kein unbedarfter „Spaziergang" oder ein lustiges Experiment zum Konsumieren, sondern der ernst zu nehmende Versuch, eine mitunter auch festgefahrene Energie-Blockade erfolgreich zu lösen, um in den natürlichen Lebensfluss zurückzukehren, um die Qualität des Lebens in mehrfacher Hinsicht zu optimieren. Die innere Balance, die am Ende dabei erreicht wird, ist eine Balance zwischen Gedanken und Gefühlen

Es geht darum, an ein höheres Bewusstsein anzudocken. Dieses höhere Bewusstsein kennt keine Zeit und ebenso keinen Raum, wie es dem menschlichen Verständnis entspricht. Sie betreten also vermeintliches Neuland und betätigen sich als Entdecker: Was auch immer Sie am Ende finden, sind Sie selbst! Und das ist Ihr eigentliches Wesen, das mit Ihrem menschlichen Spiegelbild eine verhältnismäßig geringe Schnittmenge gemeinsam hat. Am Ende werden Sie feststellen, dass es nur eine Wiederentdeckung ist, eine abhanden gekommene Erinnerung. Die Quantenphysik agiert außerhalb unserer Kausalität, spielt aber mit deren Wahrscheinlichkeiten, die sich durch Wahrnehmung zu unseren dreidimensionalen Wirklichkeiten verdichten. Ursache und Wirkung setzen eine lineare Zeit voraus, was mit dem Prinzip der Quantenphysik übereinstimmt und ihm gleichzeitig widerspricht.

Wenn Sie versuchen, die Dinge nur aus dem Verstand heraus zu begreifen, werden Sie scheitern und auf offener Strecke mit Ihrem Erfahrungs-Apparat „Körper" liegen bleiben.

Auch wenn Sie den Inhalt dieses kleinen Buches mit Hilfe Ihres Verstandes verstehen und nachvollziehen können, möchte ich Sie dennoch darauf vorbereiten, davon während der Anwendung der Methode Abstand zu nehmen, um sich einer höheren Kraft in höheren Dimensionen zu öffnen und anzuvertrauen. Hypnose, Suggestion oder dergleichen ist dabei nicht im Spiel.

Es ist übrigens völlig egal, welcher Religion oder spirituellen Richtung Sie angehören, denn meine Methode hat nichts damit zu tun, im Sinne einer religiösen Frömmigkeit an etwas zu glauben. An etwas, das irgendwie außerhalb von Ihnen ist, wie viele Organisationen oder Machtstrukturen Ihnen gerne vorgaukeln möchten. Im Gegenteil: Es ist alles in Ihnen, denn Sie verbinden sich nicht nur mit einem höheren Bewusstsein, Sie sind schon Ihrem Wesen nach – so wie jeder andere Mensch auch – ein untrennbarer Bestandteil des allerhöchsten Bewusstseins. Ob Sie dies nun „Gott" nennen, „das Höhere Selbst", „das Universum" oder sonst irgendwie betiteln, bleibt ganz Ihnen überlassen. Auch dies entspricht dem ganzheitlichen Erklärungsmodell der Quantenheilung. Der „Glaube" ist hier die innere Gewissheit, dass die eigene Erwartung erfüllt wird, weil Sie es selbst überprüfen können.

Sie müssen Ihr Weltbild nicht über Bord werfen, doch ich fordere sie auf, Ihren geistigen Horizont zu erweitern und allzu fest verankerte Perspektiven zu lockern oder den Standpunkt der Betrachtung zu ändern. Frei zu werden von äußeren Begrenzungen, die letztlich zu inneren Begrenzungen führen können. Zugeschnitten ist dies immer auf Ihr Individual-Bewusstsein, welches sich zwar innerhalb eines Massen-Bewusstseins bewegt, aber nicht von ihm abhängig ist.

Was die Mehrheit denkt, fühlt und glaubt und damit die Realität um uns herum maßgebend beeinflusst, muss nicht automatisch mit Ihren eigenen Überzeugungen zusammenhängen. Als Individuum verfügen Sie nicht nur über eine freie Fantasie, sondern ebenso über einen freien Willen, den Ihnen keine Macht der Welt nehmen oder streitig machen kann. Nur als Ihr eigener Souverän können Sie zu sich selbst erwachen und Ihr schöpferisches Potential entfalten! Die Aufgabe lautet nicht, übergeordnete Strukturen als (kontrollierter) Ergebener zu empfangen, sondern ausschließlich selbstbestimmt durch den freien Geist heraus zu agieren. Sobald diese Freiheit gefährdet ist, sollten Sie die Strukturen in Frage stellen. In Ihrem Leben sind Sie der Boss und nicht der Praktikant!

Für die Anwendung meiner Methode ist es nicht zwingend erforderlich, von den hier mitgelieferten Hintergrund-Informationen in Kenntnis zu sein. Das Funktionieren der Methode ist davon nicht beeinträchtigt, doch als Coach bin ich selbstverständlich dem Leser und Anwender gegenüber verpflichtet, sämtliche Einzelheiten genauer zu beleuchten. Auch, um Ihren Verstand zu beruhigen, der sich vielleicht in Aufruhr befindet, weil er meint, ihm werde der Boden unter den Füßen weggezogen. Zu so einer Sorge besteht keinerlei Anlass.

Bei der Brückmann-Methode geht es darum, ganz bewusst Erkenntnisse über sich selbst zu erfahren. Dies kann die Lösung für ein Problem sein, die Überwindung eines Hindernisses oder der fehlende Funke für eine Initialzündung.

Als Coach und empathischer Mensch bin ich als Vermittler und Begleiter derjenige, der auf „offene Türen" verweist, auf ungeahnte Möglichkeiten, die während des Coachings sichtbar werden. Neue Perspektiven können Ihr Leben in nur einem Augenblick positiv verändern. Zwar nehme ich Sie auf den erlebbaren Wegen mental an die Hand, aber Sie sind und bleiben die Hauptfigur in Ihrer individuellen Geschichte. Sie alleine bestimmen den Weg durch Ihre „fantastische Welt". Seien Sie offen für Überraschungen und nicht vorhersehbare Wendungen!

Damit ist nicht gesagt, dass nur ein vermeintlich negatives Ereignis im Vordergrund steht. Ebenso können positive Umstände, zum Beispiel Berühmtheit und gesellschaftliches Ansehen als permanente Erfüllung einer öffentlichen

Erwartungshaltung, das Leben komplett aus dem Gleichgewicht bringen! Entsprechende Erfahrungen konnte ich beispielsweise mit Schauspielerinnen, Schauspielern und anderen Kulturschaffenden sammeln. Selbstverständlich nenne ich in der Öffentlichkeit niemals Namen, da es sich nicht nur um eine Dienstleistung handelt, sondern ebenso um ein großes Vertrauen, das es stets einzuhalten gilt. Das Vertrauen betrifft jedes Alter und jede gesellschaftliche Stellung, absolute Diskretion bleibt gewahrt.

Was ich als Coach nicht bin – und dies bitte ich unbedingt zu verinnerlichen – ist ein medizinisch-psychologisch geschulter Ratgeber. Bei schwerwiegenden gesundheitlichen Problemen, wie zum Beispiel die Behandlung von Depressionen, sollten Sie daher einen entsprechenden Facharzt aufsuchen. Das Stellen von Diagnosen oder die Empfehlung von Therapien bzw. ärztlichen Maßnahmen fällt nicht in meinen Bereich. Ebenso verfolge ich keine bestimmte Religion, politische Richtung oder Ideologie, allein das Menschliche steht im Mittelpunkt – sowie die eigene, universelle Schöpferkraft im Sinne des freien Geistes zu nutzen und individuell erfahrbar zu machen.

Rechtlicher Hinweis: Bei meinen Coachings handelt es sich um eine vertrauensvolle Beratungstätigkeit in Form einer Dienstleistung, einer Hilfe zur Selbsthilfe. Diese Tätigkeit, für die ich keinerlei Haftung übernehme, ist bei körperlichen oder geistigen Erkrankungen welcher Art auch immer niemals mit fachärztlichen Konsultationen gleichzusetzen. Nochmals: Bei schwerwiegenden gesundheitlichen Problemen oder bestehenden Risiken wenden Sie sich bitte an Ihren Arzt !

Manchmal sind auch Geduld und Übung gefragt, denn erzwingen lassen sich die gewünschten Ergebnisse nicht.
Der Erfolg und das Arbeiten mit der Methode ist auch davon abhängig, inwieweit Sie bereit sind, sich selbst zu begegnen, sich selbst in Ihrem Inneren anzuschauen. Aber ich kann Ihnen versichern: Es lohnt sich!

Zusammenfassung „Einführung":

- kurze Erläuterung der Brückmann-Methode
- freie Fantasie als höchste Schöpferkraft
- bewusste Verbindung mit einer Fantasiewelt
außerhalb des Unterbewusstseins
- Anbindung an ein höheres Bewusstsein
- Energie-Blockaden lösen
- Erkenntnisse bewusst über sich selbst erfahren
- das eigene Weltbild hinterfragen
- den Verstand und das Ego ausklammern
- Selbstbestimmung im Sinne des freien Geistes
und des freien Willens
- Coaching als vertrauensvolle Dienstleistung
- Brückmann-Methode für jedermann geeignet
- Diskretion während der Durchführung
- außerhalb von Religion, Ideologie oder
politischer Richtung
- kein Ersatz für ärztliche Konsultationen
- keine Diagnosen oder Therapie-Empfehlungen
- rechtlicher Hinweis: Der Coach übernimmt
keinerlei Haftung, bei gesundheitlichen
Problemen wenden Sie sich bitte an Ihren Arzt!

Die sieben fantastischen Welten

Die Zahl 7 ist nicht nur eine Primzahl, sondern darüber hinaus eine sehr besondere Nummer aus der Mystik verschiedenster Kulturen und Traditionen. Die magische Zahl 7 repräsentiert die Vereinigung zwischen Geist und Materie, die 7 steht für spirituelle Weisheit und Inspiration. Im Hinduismus, so die uralte Annahme, öffne die Zahl 7 gar die Wege ins Universum! Es gibt „sieben Weltmeere", „sieben Weltwunder", „sieben Zwerge" oder sieben Farben des Regenbogens. Und so gibt es aus guten Gründen ebenfalls sieben fantastische Welten innerhalb der Brückmann-Methode! Die 7 ist die Zahl der Veränderung zum Positiven, was der Essenz der Methode am nächsten kommt.

Bevor mit der Methode begonnen werden kann, treffen Sie eine Auswahl: Sie entscheiden sich persönlich und je nach Vorliebe für die „fantastische Welt", in der Sie sich während des mentalen Coachings interaktiv bewegen möchten. Im Folgenden stelle ich Ihnen die sieben Welten inhaltlich kurz vor, und zwar so, wie sie sein könnten, aber nicht sein müssen. Das, was Sie erleben werden, ist nicht vorhersehbar, denn Ihre freie Fantasie ist der eigentliche „Coach" hinter den Kulissen! – Zur Auswahl stehen:

1. das Weltraum-Abenteuer

Sie sind mit Ihrem Raumschiff irgendwo unterwegs im Universum... Vielleicht entdecken Sie fremde Planeten oder ganz neue Lebensformen? Oder sind Sie gar der Botschafter einer geheimen, aber sehr wichtigen Mission?

2. die Unterwasser-Welt

Vor Ihnen ist in den tiefsten Tiefen der Meere noch nie jemand gewesen... Was hat es mit der silbernen Unterwasser-Stadt und ihren rätselhaften Türmen auf sich? Von wem werden Sie dort in Ihrer Aqua-Kapsel empfangen? Ist es eine Meerjungfrau?

3. die Zeitmaschine

Geben Sie die gewünschte Jahreszahl und den gewünschten Ort ein, schnallen Sie sich an und drücken Sie auf „Start"... Wohin geht die Reise? In die eigene Kindheit oder vielleicht ins Mittelalter – oder gar in eine ferne Zukunft? Wen treffen Sie?

4. die Oase in der Wüste

Inmitten der Unendlichkeit der gelben Sand-Wüste sind Sie in einer üppigen Oase gestrandet, in der sich ein geheimnisvoller Wunschbrunnen befindet... Welche Wünsche werden Ihnen dort erfüllt? Oder ziehen Sie weiter mit einer Karawane?

5. das mystische Labyrinth

Dieses Labyrinth mit seinen ungeahnten Dimensionen wartet bereits darauf, dass Sie es betreten... Sind Sie alleine? Welche Wesen zeigen Ihnen den richtigen Weg, um den großen Drachen zu finden?

6. die Ausbildung zum Zauberer

Als Zauber-Lehrling stehen Sie vor großen Herausforderungen... Aber können Sie mit den Mächten der Magie auch wirklich umgehen? Wie wird Ihre Abschlussprüfung aussehen? Und was werden Sie danach in Ihrer Welt bewirken?

7. der Lebensbaum im Regenwald

Die Gemeinschaft, die Sie entdecken oder in der Sie leben, befindet sich samt der Behausungen auf einem riesigen Baum... Ist es ein Dasein im grünen Paradies? Oder dringen gar Feinde von außen ein, gegen die Sie sich verteidigen müssen?

Treffen Sie Ihre Wahl nach dem „Bauchgefühl" und

lassen Sie sich schon im Vorfeld des Coachings von Ihrer Intuition leiten. Denken Sie nicht zu viel darüber nach, in welche der sieben Welten Sie unterwegs sein möchten. Bleiben Sie im Hier und Jetzt! Wählen Sie die „fantastische Welt", die Ihnen in diesem Moment am ehesten zusagt, mit der Sie in Resonanz gehen. Gehen Sie spielerisch und mit Abenteuerlust an die Sache heran! Noch besser ist es natürlich, wenn Sie sich schon jetzt darüber im Klaren sind, welche individuelle Frage Sie beantwortet haben oder welches Problem Sie gelöst haben möchten.

Für alle sieben Erlebnis-Welten gilt: Der Fantasie und dem freien Geist sind keine Grenzen gesetzt!

Zusammenfassung „Die sieben fantastischen Welten":

- eine intuitive Auswahl treffen:
- das Weltraum-Abenteuer
- die Unterwasser-Welt
- die Zeitmaschine
- die Oase in der Wüste
- das mystische Labyrinth
- die Ausbildung zum Zauberer
- der Lebensbaum im Regenwald
- Der Fantasie und dem freien Geist sind keine Grenzen gesetzt.

Zum Begriff der Energie

Das Wort „Energie", das aus der altgriechischen Sprache („energeia") stammt, bedeutet „wirkende Kraft". Es gibt verschiedene Energieformen wie elektrische Energie, magnetische Energie, mechanische Energie, chemische Energie, Wärme-Energie und so weiter.

Erste Besonderheit: Die einzelnen Energieformen können in eine andere Form überführt werden. Kommt zum Beispiel eine Batterie zum Einsatz, wird chemische Energie in elektrische Energie umgewandelt. Das kennt jeder aus dem Alltag.

Zweite Besonderheit: Energie an sich geht nicht verloren und kann daher auch nicht erzeugt werden; in ausnahmslos jedem Fall wird sie lediglich umgewandelt.

In allen Schulbüchern zur Physik findet sich der Energieerhaltungssatz „Die Gesamtenergie eines abgeschlossenen Systems bleibt bei allen Vorgängen konstant." Das ist eine sehr erstaunliche Tatsache, die seltsamerweise wenig beachtet wird. Im Grunde ist es eine Sensation! Wendet man den Begriff der Energie auch auf metaphysische Bereiche an, werden diese plötzlich aus der geheimnisvollen Ecke der Mystik und des unantastbaren Dogmas herausgeholt:

Was passiert zum Beispiel wirklich, wenn ich sterbe? Ganz offensichtlich lasse ich mit dem Tod meinen materiellen Körper zurück, doch die frei werdende Energie bleibt in gesetzmäßiger Weise innerhalb des (erweiterten) Systems konstant, da Energie nicht verloren gehen kann! Stattdessen wird sie umgewandelt oder transformiert. Das, was die Religion als „Seele" bezeichnet, ist direkt mit dem höchsten Bewusstsein verbunden, denn das Bewusstsein ist der eigentliche Träger des Lebens, und zwar außerhalb von Zeit und Raum. Das „System Mensch" besteht aus einem sichtbaren und einem unsichtbaren Sektor und existiert gleichzeitig in verschiedenen Dimensionen – inklusive der dreidimensionalen Materie. Der Eintritt in die Materie ist die Geburt und der Austritt aus derselbigen der Tod. Ist die Verkörperung oder Inkarnation (lat. „in carne", „ins Fleisch gehen") beendet, hört deshalb nicht das Leben auf. Im Gegenteil! Der physische Körper ist als Erfahrungs-Apparat eine vorübergehende Erscheinung, aber das, was ich wirklich BIN und nicht HABE, ist unzerstörbar. Hat man diesen Umstand einmal verinnerlicht, entwickelt sich eine starke Souveränität, das Leben aus einer völlig neuen Leichtigkeit und Zuversicht heraus zu betrachten. Meinem Körper können unter

Umständen furchtbare Dinge widerfahren, mir selbst aber, der diesen Körper als Bewusstsein bewahrt und für eine gewisse Zeit verwaltet, kann hier auf dem „Holo-Deck" der materiellen 3D-Erfahrungen nichts passieren! Damit ist einmal mehr nicht das ICH oder Ego gemeint, sondern das ICH BIN. Der Verstand bleibt erneut gänzlich außen vor.

Als anschauliches Bild für das „System Mensch" wähle ich den Vergleich mit einem Pilz: Der „eigentliche Pilz" ist nämlich das aus Fäden bestehende, unterirdische und somit unsichtbare Pilzgeflecht und nicht der sichtbare Fruchtkörper. Und wenn Sie den Fruchtkörper pflücken, ist das Pilzgeflecht natürlich immer noch vorhanden, auch wenn Sie es nicht sehen können.

Wir selbst und ausnahmslos alles um uns herum – belebt oder unbelebt – sind letztlich Energie! Oder mit anderen Worten: Materie ist nichts anderes als unterschiedlich verdichtete Energie mit einem niedrigen, hohen oder höheren Bewusstseinsgehalt! Das betrifft ebenso jeden Wassertropfen, jeden Berg oder jedes Stück Metall, jeden Grashalm, jeden Baum und jedes Tier. Auch wenn dem Verstand wieder der Kragen platzt, wird er es früher oder später nicht vermeiden können, die Grundlagen seines

Vorhandenseins anzuerkennen. Dazu ist allerdings der berühmte Blick über den (dreidimensionalen) Tellerrand notwendig.

Interessant finde ich, dass das klassische Atommodell immer noch herangezogen und gelehrt wird, um die Welt um uns herum und deren Existenz zu erklären. Gemeint ist das Rutherford'sche Atommodell von 1911. Vorherrschend ist nach wie vor die Vorstellung von Teilchen, die als „Atome" (altgiechisch „atomos", „unteilbar") bezeichnet werden und so aufgebaut seien, dass sich feste Elektronen um einen festen Atomkern aus Protonen und Neutronen bewegen, ähnlich berechenbar wie die Planeten auf ihren Bahnen um die Sonne. Obwohl der Physiker Niels Bohr nur zwei Jahre nach Ernest Rutherford dessen Atommodell um quantenphysikalische Eigenschaften – die Aufenthaltswahrscheinlichkeit von Elektronen und eben nicht deren genau bestimmbare Positionierung – erweitert hat, wird dieser Umstand populärwissenschaftlich weitgehend ausgeblendet. Längst ist klar, dass Atome eben keine festen, unteilbare Teilchen sind. Vielmehr handelt es sich – wie bereits erwähnt – um Energie-Verdichtungen.

Statt einer festen Struktur könnte man als Materie-Modell einen energetischen Nebel oder eine Anhäufung von Nebeln beschreiben, in welchen – vergleichbar mit Galaxien im Universum – unterschiedlich ausgeprägte Energie-Ansammlungen existieren beziehungsweise scheinbar zufällig der Wahrscheinlichkeit nach auftauchen; der Aufenthalt der Elektronen darin ist nicht konstant und nicht exakt messbar. Ausgelöst wird dieser Zufall durch die Intensität der Wahrnehmung, also in der Verknüpfung mit dem Bewusstsein. Materie meint Energie, Bewusstsein IST. Es könnte auch ohne Materie SEIN, Materie jedoch ist ohne Bewusstsein nicht möglich.

Atome sind die Bausteine der Materie. Überaus spannend ist die Tatsache, dass der Atomkern nur 0,0000001 Prozent des gesamten Atoms ausmacht, der Rest – und das ist der unvorstellbar große Hauptanteil von 99,9999999 Prozent – wird wissenschaftlich als Vakuum angesehen, also als „Raum mit hauptsächlicher Abwesenheit von Materie"! Übertragen in einen Größenvergleich wäre dies ungefähr so, als würde in der Mitte eines Olympia-Stadions ein Stecknadelkopf liegen. Rein physikalisch betrachtet besteht demnach unsere gesamte materielle Welt, Fundament unserer Realität, größtenteils aus Nichts! Das ist nicht unbedingt eine zufriedenstellende Erkenntnis, oder? Vielleicht bezeichnet der mutmaßlich „leere Raum" innerhalb eines jeden Atoms so etwas wie die „Nahtstelle" zwischen der materiellen und der geistigen Wirklichkeit? Als kleinste Einheit holografisch miteinander verwoben und gegenseitig durchdrungen? Eine „Blaupause" für unsere Wirklichkeit und für das „System Mensch" unter Einbeziehung des Bewusstseins?

In jedem Atom (teilbare und wiederum teilbare Einheiten mit eingeschlossen) wirkt Elektrizität. Man kann nicht sagen „Ein Atom hat Elektrizität", da der Begriff außerhalb der physischen Materie liegt. Elektrizität umfasst alle Erscheinungen von ruhenden oder bewegten elektrischen Ladungen und den sie umgebenden elektrischen und magnetischen Feldern. Dabei sind die Elektronen die Träger der negativen Elektrizität, die Protonen die der positiven Elektrizität. Ein Atom ist im Ruhestand elektrisch neutral, da die elektrischen Felder von Elektronen und Protonen gleich groß sind – und sich gegenseitig aufheben. Herrscht in den Atomen ein Ungleichgewicht der elektrischen Felder beziehungsweise ein negativer oder positiver Überschuss der Elektrizitätsmenge, äußert sich diese in Form einer negativen oder positiven Ladung (gemessen in Coulomb), während die Neutronen keine Ladung besitzen.

Künstlich schafft man eine positive elektrische Ladung im Atom durch Abziehen, eine negative durch Anlagern von Elektronen (positive und negative Ionisierung). Fließen Elektronen oder Ionen in metallischen, flüssigen oder gasförmigen Leitern, spricht man von Strom, verursacht durch die zwischen zwei Ladungsträgern bestehende Spannung (gemessen in Volt). Elektrizität wirkt, wenn das elektrische Gleichgewicht aufgehoben ist. Gleichzeitig wirkt in jedem Atom das Phänomen des Magnetismus. Der Begriff meint die Eigenschaft aller vorkommenden Substanzen, in einem Magnetfeld eine Kraftwirkung zu zeigen. Den Grund dafür liefern die Elektronen, denn jedes Elektron verhält sich wie ein Miniatur-Magnet mit Nord- und Südpol, da es mit seiner elektrischen Ladung um sich selbst rotiert. Jeder magnetische Körper ist wiederum mit einem Magnetfeld umgeben. Auch der Planet Erde besitzt bekanntlich ein Magnetfeld.

Jedes Atom verfügt über eine elektromagnetische Schwingung (gemessen in Hertz), welcher demnach die metaphysische Fähigkeit einer Resonanz oder Anziehungskraft innewohnen müsste, die den materiellen Bereich des messbaren Elektromagnetismus verlässt und weiter ausdehnt. Die Schwingung ist je nach

Intensität veränderbar und nebenbei in allen „rückgekoppelten", informationsverarbeitenden Systemen vorhanden. Bei „höheren Dimensionen" spricht man auch von „höheren Schwingungsebenen".

Der immerwährende Fluss der geistigen Energie – der Ideen, der Eingebungen, der Lösungen etc. – ist mit einer einzigen Quelle verbunden. Und das ist die Quelle des Bewusstseins.

Zusammenfassung „Zum Begriff der Energie":

- Energieformen können in andere Energieformen überführt werden.
- Energie geht nicht verloren, sondern wird stets umgewandelt.
- Energie kann nicht erzeugt werden.
- der Energieerhaltungssatz der Physik
- das System Mensch: Leben und Tod
- metaphysische Betrachtung, materielle und geistige Welt
- Bewusstwerdung des Bewusstseins
- Unterschied zwischen ICH und ICH BIN
- Materie als verdichtete Energie mit unterschiedlichem Bewusstseinsgehalt
- Materie ist ohne Bewusstsein nicht möglich.
- das klassische und erweiterte Atommodell
- wissenschaftlich erklärtes Vakuum innerhalb von Atomen, „Nahtstelle" zur geistigen Welt?
- Atome als Bausteine der Materie
- elektromagnetische Eigenschaften von Atomen
- höhere Schwingungsebenen

Hinweise zu Ihrer Sicherheit

Die Überschrift mag sich dramatischer anhören, als sie in der Praxis ist, doch bei Nichtbeachten der Sicherheitshinweise könnte es durchaus zu körperlichen Verletzungen kommen, wenn Sie zum Beispiel während des Coachings auf einem Barhocker sitzen. Warum?

Durch die 2-Punkt-Methode aus der Quantenheilung, die hier zur Anwendung kommt, werden meist unerwartete körperliche Reaktionen hervorgerufen. Und zwar je nach der Komplexität Ihres Themas, Problems oder des Zustandes, den Sie positiv verändern möchten. Viele Menschen kippen dabei nämlich nach hinten oder zur Seite! Es ist also Vorsicht geboten und als Sicherheitsmaßnahme unbedingt einzuhalten, dass Sie während des Coachings in einem Sessel mit Armlehnen oder auf einem Sofa sitzen, damit Ihr Körper im Fall des Falles gut gepolstert abgefedert wird. Sie können auch entsprechend auf Ihrem Bett sitzen, sollten Ihre Position aber so wählen, dass Sie als kalkulierbare Möglichkeit nicht mit dem Kopf gegen einen Bettpfosten oder eine Bettkante fallen.

Wenn sich die blockierte Energie in Ihrem Inneren löst, kann es ebenso sein, dass weitere körperliche

Reaktionen zu Tage treten, auch in Kombination. Dies kann eine vertiefte Atmung sein, ein Zittern, leichtes Schwanken oder auch heftige Schaukelbewegungen, plötzliches Weinen, Schmunzeln oder lautes Lachen. Lassen Sie die physischen Reaktionen einfach zu und erschrecken Sie nicht darüber. Diese gehen schnell wieder vorbei und sind kein Grund zur Besorgnis. Auch kann es sein, dass körperlich im Außen rein gar nichts passiert! Das ist nicht vorhersehbar und jeweils von der Vielschichtigkeit Ihres Anliegens abhängig. Immerhin schauen Sie dabei nicht nur in den Spiegel, sondern in den innersten Kern Ihrer Persönlichkeit und durchleuchten Themen, die mitunter schon seit vielen Jahren nur im Dunkeln vor sich hin existiert haben. Und nun betätigen Sie den Lichtschalter des Bewusstseins! Sie kehren ganzheitlich in den Fluss des Lebens zurück, als ob eine versiegelte oder verstopfte Quelle wieder freigeschaufelt und gereinigt wird, die sich mit dem dahinter angestauten Druck endlich (er-) lösen darf. Dass dieser Druck mit unterschiedlichsten Reaktionen des Körpers einhergeht, ist nachvollziehbar und ganz normal. Man kann es sich vielleicht so vorstellen, dass sich die verschiedenen Dimensionen dem veränderten Zustand erst nach und nach in gegenseitiger

Wechselwirkung angleichen müssen, da sich auch die Energie-Qualität verändert hat. Mit einer Langzeit-Wirkung ist also zu rechnen!

Noch einmal die Voraussetzung: Sie sind alleine in einem Raum und haben einen ruhigen und ungestörten Platz gefunden. Im Hintergrund sollte keine Musik laufen (auch keine „Meditationsmusik; schon gar nicht mit Wasser-Geplätscher, denn dann müssen Sie wahrscheinlich auf die Toilette). Computer, Tablets, Smartphones und Fernseher bleiben ausgeschaltet. Und Ihr Terminkalender bekommt vorübergehend einen Maulkorb verpasst! Alle Einflüsse von außen haben Sendepause. Ebenso ist es mit Partnern, Familienmitgliedern, Kindern oder Haustieren.

Notwendige Toilettengänge sind bereits erledigt. Dass Sie vor oder während des Coachings keinen Alkohol, Nikotin oder Drogen zu sich nehmen, dürfte ebenso klar sein. Erwähnen muss ich es trotzdem.

Ein Taschentuch und ein Glas Wasser in der Nähe zu haben, kann eventuell hilfreich sein. Snacks oder dergleichen sind es nicht. Also vor dem Coaching den Hunger stillen oder irgendwann danach. Von Kaugummis oder Bonbons während des Coachings rate ich ebenfalls ab.

Sie sollten nicht unter Müdigkeit oder Jetlag leiden, da das Coaching natürlich wenig Sinn machen würde, wenn Sie dabei einschlafen! (Außerdem würde dann mein Honorar steigen, ohne dass Sie es mitbekommen...)
Wenn Sie Brillenträger sind, nehmen Sie die Brille ab. Bequeme Kleidung wie Jogginghose, dicke Socken und so weiter ist zwar empfehlenswert, aber nicht unbedingt notwendig. Wenn aber der Gürtel und die Schuhe zwicken, dann ändern Sie bitte diesen Umstand.
Die Voraussetzung in einem Satz: Es ist still um Sie herum, Sie ruhen in sich, Sie sind durch eine Rückenlehne abgesichert und fühlen sich wohl!

Zusammenfassung „Hinweise zu Ihrer Sicherheit":

- Die 2-Punkt-Methode kann unerwartete körperliche Reaktionen hervorrufen.
- Vorsicht: Anfangs besteht die Möglichkeit, plötzlich nach hinten oder zur Seite zu kippen!
- Coaching nur abgesichert durch eine gepolsterte Rückenlehne (Sessel, Sofa, Bett)
- weitere mögliche Reaktionen: vertiefte Atmung, leichtes oder heftiges Zittern, Schwanken, Schaukeln, Weinen, Schmunzeln, Lachen
- Kein Grund zur Besorgnis: Die Reaktionen sind Ausdruck dafür, dass sich Blockaden lösen.
- Sie sind alleine in einem stillen Raum.
- ungestörter und bequemer Platz zum Wohlfühlen
- bequeme Kleidung (Brille abnehmen)
- keine Ablenkungen
- keine Nahrungs- oder Genussmittel während des Coachings, natürlich auch keine Drogen
- keine Müdigkeit, kein Jetlag
- eventuell ein Taschentuch und ein Glas Wasser in der Nähe haben

Absicht und Zielsetzung

Als Vorbereitung zu den Coachings sollten Sie Ihr eigenes Anliegen sehr genau kennen und sich über Ihr Thema, Ihr Problem oder den Zustand klar sein, den Sie in positiver Weise verändern möchten. Und zwar glasklar.

Das hört sich einfach an, ist es oft aber nicht. Seltsamerweise wissen viele Menschen gar nicht, was sie überhaupt wollen, denn der alles beherrschende Alltag lässt zuweilen wenig Freiräume offen, um sich einmal mit sich selbst zu beschäftigen. Das kann natürlich auch eine Ausrede sein, weil es immer unbequem erscheint, wenn man dazu aufgefordert wird, sich in seinem Innersten anzuschauen, wo die verborgenen Wünsche und Geheimnisse vergraben sind. Festgefahrene Gewohnheiten und das heutige Konsumverhalten sind ebenfalls reine Ablenkungsmanöver. Ohne eine klare Zielsetzung brauchen Sie allerdings bei der Brückmann-Methode gar nicht erst anzutreten!

Nur Sie alleine kennen Ihre wahre Absicht. Als Coach kann ich Ihnen jedoch dabei helfen, diese Absicht so zu formulieren, dass sie ihre Wirkung nicht verfehlt. Legen Sie sich also Stift und Papier zurecht!

Sie haben zwei Optionen: Entweder Sie behalten Ihre Zielsetzung wie in einer persönlichen Schatztruhe für sich – und zwar während des gesamten Coachings – oder Sie teilen mir gleich zu Anfang mit, welchen Lebensbereich Sie wo zu verändern beabsichtigen. Die Entscheidung hat keinen Einfluss auf das Ergebnis des Coachings, das am Ende nur Ihre Person betrifft und nur aus Ihrer Person heraus entstehen kann. Als mentaler Begleiter stehe ich Ihnen sowieso zur Seite. Außerdem unterliegen sämtliche vertrauliche Informationen der Schweigepflicht.

Sehr viel wichtiger ist die folgende Entscheidung. Fragen oder bestärken Sie sich: Was genau möchten Sie gerne verändern? Wie stark möchten Sie die Veränderung in Ihrem Leben? Steht diese Entscheidung schon fest als unumstößliche Absicht oder spielen Sie noch mit dem alleinigen Gedanken des Wunsches? Wenn Sie nämlich nur im Wunsch bleiben und keine Entscheidung getroffen haben, werden Sie nichts verändern.

Sämtliche Möglichkeiten in den verschiedenen Dimensionen oder Schwingungsebenen bestehen bereits in jedem Moment. (Siehe Kapitel „Die Matrix".) Mit der 2-Punkt-Methode aus der Quantenheilung gehen Sie mit der Möglichkeit einer zu verwirklichenden Realität in Resonanz, die

Ihrer Absicht entspricht und sich demgemäß in eine fassbare Form gießt und somit zu Ihrer Realität wird. Ihr Resonanzfeld hat sich damit dem bewusst veränderten Zustand (energetisch) angepasst. Was ist zu tun?

Zunächst gilt es wieder, das Unterbewusstsein auszutricksen, weil es die Bedeutung von „nicht" und „kein" nicht kennt. Beide Begriffe können durch das Unterbewusstsein nicht erfasst werden, sodass ich Sie bitten möchte, beide Wörter aus dem Wortschatz Ihrer Absichten zu streichen!

Wenn ich Sie dazu auffordere: „Denken Sie jetzt bitte nicht an einen grünen Elefanten!", dann haben Sie keine Chance, dieses trotz eisernem Willen nicht geschehen zu lassen. Der grüne Elefant wird in Ihrer Vorstellung auftauchen, er wird Sie nicht einmal danach fragen. Also bitte keine Negationen verwenden!

Ihr individuelles Ziel sollte immer positiv formuliert werden, und zwar ganz bewusst in der Gegenwartsform, nicht in der Zukunft. Und schon gar nicht in einer Möglichkeitsform. Formulierungen wie „Es wäre schön, wenn" oder „Ich würde gerne, dass" verfehlen ihre Wirkung. Mit solchen Möglichkeitsformen stehen Sie nicht einmal am Start! Der Grund dafür ist sehr einfach: Ihr Bewusstsein kennt nur die Gegenwart, denn das Leben findet ausschließlich im Hier und Jetzt statt. Außerdem formulieren Sie Ihre Absicht oder Ihr Ziel so, als wenn Sie es bereits erreicht oder verwirklicht haben.

Wenn Sie zum Beispiel nachts ein Problem mit dem Einschlafen haben, dann lautet Ihre formulierte Absicht nicht „Ich will, dass ich unbedingt sofort einschlafen kann", sondern „Ich bereite mich entspannt darauf vor, meiner inneren Ruhe zu folgen" – oder so ähnlich. Ein weiteres Beispiel: Sie werden von einem Arbeitskollegen gemobbt. Die Absicht lautet nicht „Ich wünsche meinem Kollegen, dass er seinen Job verliert", sondern „Respekt und ausgleichender Frieden bestimmen die harmonische Zusammenarbeit" oder „Möge sich alles zum Besten entwickeln."

Sie merken sogleich den Unterschied und darauf kommt es an. Weg von allem Zwanghaften und von der Negation. Nur Positives bewirkt Positives. Damit meine ich die Gesetzmäßigkeit der Resonanz „Gleiches zieht Gleiches an" und nicht etwa „positives Denken", da allein gute Gedanken so gut wie gar nichts bewirken, denn diese bleiben meist dem Verstand und dem Ego verhaftet.

Sie können sich aber Ihre ganz bewusste Zielsetzung so deutlich und detailgetreu wie möglich vor Augen halten, denn in Ihrer gefühlten

Vorstellung ist die neue Realität schon in Ihrem Leben voller Jubel und Freude angekommen: Erleben Sie sich innerhalb der positiv veränderten Situation oder des beabsichtigten Themenbereiches und nehmen Sie ihn mit allen Sinnen wahr. Fühlen Sie die Veränderung, riechen, hören und schmecken Sie sie! Indem Sie Ihre Absicht nicht nur formulieren, sondern als unumstößliche Entscheidung als Ihr Lebensziel verwirklicht sehen, wirkt bereits das Gesetz der Resonanz „Gleiches zieht Gleiches an"!

Kein Mensch – auch ich als Ihr Coach – hat behauptet, dass es einfach ist, sich mal eben zwischen Mittagessen, Geschäftsbesprechung, Hausaufgabenhilfe und Spätnachrichten auf tiefer liegende Bereiche der eigenen Persönlichkeit auszurichten, die vielleicht unsere Stimmung trüben und vor deren Beschäftigung wir vielleicht sogar große Angst haben. Auch Zweifel sind daher völlig normal. Lassen Sie die Zweifel zu und schauen Sie diese an! Was wollen Sie Ihnen mitteilen? Ist die Warnung berechtigt oder versperrt sie Ihnen den Weg? Nur Sie können es wissen. Aber bewerten Sie die Zweifel nicht.

Schreiben Sie Ihre klare und eindeutige Absicht – im Präsens, der Gegenwartsform – auf ein Blatt

Papier und behalten Sie es während des Coachings gut sichtbar in Ihrem Blickfeld. Als Coach kann ich am Telefon nicht sehen, was Sie geschrieben haben, sodass Sie nicht preisgeben müssen, worum es in Ihrer Zielsetzung geht. Sofern Sie sich für diese Variante entschieden haben. Ansonsten helfe ich Ihnen natürlich bei der Formulierung.

Mein Tipp: In Ihrer Imagination können Sie aus dem Blatt Papier eine persönliche „Schatzkarte" machen, die Sie zur Orientierung mit auf die Reise durch Ihre „fantastische Welt" nehmen. Aber auch diese Entscheidung treffen nur Sie!

Zusammenfassung „Absicht und Zielsetzung":

- Stift und Papier bereithalten
- absolute Klarheit über Ihr Thema, Ihr Problem
oder den Zustand, den Sie positiv verändern
möchten
- Lebensbereich oder Zielsetzung, entweder den
Coach mit einbeziehen oder nicht
- Was genau möchten Sie verändern und wie
stark?
- Die Entscheidung muss getroffen sein, damit Ihre
Realität damit in Resonanz gehen kann.
- Unterbewusstsein austricksen: Wörter „nicht"
und „kein" streichen!
- individuelle Absicht in der Gegenwartsform,
positiv und eindeutig formulieren (keine
Möglichkeitsform), und zwar schriftlich
- Nur Positives bewirkt Positives (Resonanz).
- Den Zielzustand mit allen Sinnen erleben und
fühlen, als sei das Ziel bereits verwirklicht.
- mögliche Zweifel zulassen, aber nicht bewerten
- Absicht und Zielsetzung als mögliche
„Schatzkarte" für die „fantastische Welt"

Über den Atem und den Licht-Zwilling

Der Atem meint die Menge der Luft, die während des menschlichen Atmens als lebensnotwendige und lebenserhaltende Maßnahme bewegt wird. Im Durchschnitt atmet der Mensch ca. 20.000 mal am Tag, was einem Volumen von zwölf Kubikmetern Luft entspricht. Diese erstaunliche Leistung geschieht automatisch als Reflex, ohne unser Zutun oder willentliche Anstrengung. Es passiert einfach, ohne dass Sie sich dessen wirklich bewusst sind. Schließlich atmen Sie schon Ihr ganzes Leben lang! Wenn Sie es nämlich nicht mehr tun, haben Sie Ihren physischen Körper bereits verlassen.

Im indischen Pranayama Yoga zum Beispiel werden Atemtechniken dazu genutzt, Körper und Geist miteinander zu verbinden. In der Brückmann-Methode ist es genauso.

Die Atmung besteht aus zwei Vorgängen, die wie das „Yin und Yang" – zwei entgegengesetzte Kräfte, die sich teilweise gegenseitig enthalten – unwiderruflich miteinander verknüpft sind: Das Einatmen und das Ausatmen. Das eine ist ohne das andere nicht möglich.

Das Atmen dient der inneren Reinigung, denn ein Großteil an Schadstoffen wird über den Atem ausgeschieden.

Beim Yoga und auch beim Joggen wird empfohlen, durch die Nase einzuatmen und durch den Mund wieder auszuatmen. Damit wird das Potential der Atmung besser genutzt; der Kreislauf wird angeregt, das Herz schlägt kräftiger, die Muskeln kommen in Schwung. Diese Form der Atmung sollte auch während des Coachings beibehalten werden. Zwar gelingt es nicht immer und nicht immer durchgehend, da man es schlichtweg vergisst, den Fokus ständig auf den Atem zu halten, zumal gleichzeitig die formulierte Absichtserklärung einer ständigen Präsenz unterliegt. Das ist aber nicht weiter schlimm. Es genügt, wenn ich Sie als Coach daran erinnere, dass Sie durch die Nase ein- und durch den Mund wieder ausatmen, wenn Sie Ihren „Licht-Zwilling" erschaffen. Gleichzeitig dehnt sich der Bauch beim Einatmen aus und wölbt sich, während er beim Ausatmen zurück in Richtung Wirbelsäule geht. Dies ist wichtig, um die Funktion des Solarplexus in Bezug auf die 2-Punkt-Methode zu erklären. Dazu mehr im Kapitel über Quantenheilung.

Alle Körper- und Gehirnzellen werden beim Atmen mit lebensnotwendigem Sauerstoff versorgt und der Gasaustausch in der Lunge setzt Kohlendioxid frei. Das Atemzentrum, welches den Vorgang der

Atmung steuert, befindet sich im verlängerten Mark des Hirnstamms als Bestandteil des zentralen Nervensystems. Auch so genannte Chemorezeptoren sind daran beteiligt.

Ihre Lunge – durch den Brustkorb geschützt – ist also mit Ihrem Kopf in einem ständigen Austausch. So weit das Geschehen im physischen Körper. Was aber geschieht im metaphysischen, nicht-materiellen Bereich?

Interessanterweise ist die Atmung im Gegensatz zu allen anderen Funktionen des vegetativen Nervensystems bewusst steuerbar, das heißt wir können bewusst unsere Entscheidung in die Tat umsetzen, langsamer, schneller oder tiefer zu atmen. Bewusstes Atmen generiert zudem Entspannung und Wohlbefinden.

Sie können die Atmung ebenso bewusst mit Ihrer Imagination verknüpfen: Sie stellen sich während des Einatmens zum Beispiel vor, dass Sie ein bestimmtes Ziel bereits erreicht oder eine Absicht positiv verändert haben. Und während des Ausatmens malen Sie sich aus, wie Sie das entsprechend unerwünschte Ziel einfach wieder ausscheiden und aus sich heraus befördern. In der Brückmann-Methode kommt diese Technik nicht vor. Ich möchte Ihnen aber damit zeigen, dass die bewusste Atmung eine Schlüsselfunktion hat, an eine höhere Bewusstseinsebene anzudocken.

Durch die Atemtechnik, die während des Coachings zum Einsatz kommt, erschaffen Sie – wie gesagt – Ihren eigenen Licht-Zwilling, Ihren exakten und hell leuchtenden Doppelgänger! In der Imagination lassen Sie Ihren Licht-Körper aus Ihrer Wirbelsäule heraus entstehen. Mit jedem Atemzug wird Ihr Abbild aus Licht immer etwas größer und gewinnt an Volumen, als ob Sie einen Ballon aufblasen würden. Sobald Ihr Licht-Double die genaue Größe Ihres physischen Körpers erreicht hat, ist seine „Geburt" abgeschlossen. Es geht nicht darum, mit Ihrem Zwilling zu kommunizieren oder gar einen Ratschlag oder dergleichen zu bekommen. Der leuchtende Doppelgänger bleibt nämlich gänzlich stumm. Er ist auch kein „Schutzengel" und schon gar nicht Ihre „abgespaltene Persönlichkeit". Seine einzige Funktion ist es, Ihnen während Ihrer fantastischen Reise permanent über die Schulter zu schauen, und zwar bei allem, was Ihnen widerfährt! Warum? Der Licht-Zwilling nimmt eine Position ein, aus der heraus er Sie ständig und urteilsfrei beobachtet. Damit ist und bleibt er in der Wahrnehmung, das heißt, wie bei einer Kamera lässt er nichts weg und fügt auch nichts hinzu. Er denkt über nichts nach, er nimmt lediglich die Abenteuer wahr, die Sie während des Coachings erleben. Weiter nichts. Dadurch wir er zu einem Sinnbild, zu einer lichtvollen Verkörperung, um die sonst vorherrschende Identifikation mit dem ICH, dem Ego und dem Verstand garantiert zu beenden. Die Erschaffung des Licht-Zwillings hat den Zweck, dass Sie sich selbst austricksen, denn das, was Sie als Ihr Zwilling beobachten, können Sie ja nicht sein! (Ähnlich wie ich es in meinem Nah-Tod-Erlebnis erfahren habe.) Auf diese Weise ist es möglich, den Fokus mitsamt Ihrer beabsichtigten Zielsetzung auf das Bewusstsein, auf Ihr ICH BIN zu lenken und für die Dauer des Coachings beizubehalten. Nur so erhalten Sie am Ende die Antworten, nach denen Sie suchen, und zwar in einer höheren Dimension, Bewusstseins- oder Schwingungsebene. Der Atem ist dabei nur Mittel zum Zweck und steht nicht im Mittelpunkt des Geschehens.

**Zusammenfassung „Über den Atem und den
Licht-Zwilling":**

- Bedeutung der Atmung für den physischen
Körper
- Atmung während des Coachings:: durch die
Nase einatmen und durch den Mund ausatmen
- bewusste Atmung für den metaphysischen
Bereich als Tor zu einem höheren Bewusstsein
- bewusstes Atmen generiert Entspannung und
Wohlbefinden
- Verknüpfung der bewussten Atmung mit der
Imagination: Erschaffung Ihres Licht-Zwillings aus
Ihrer Wirbelsäule
- Der Licht-Zwilling bleibt ganz in der
Wahrnehmung, er kommuniziert nicht mit Ihnen,
er blickt Ihnen während der Fantasie-Reise über
Ihre Schulter und beobachtet die Erlebnisse
urteilsfrei wie eine Kamera.
- Die Identifikation mit dem ICH wird beendet,
denn das, was Sie als Ihr Zwilling beobachten,
können Sie ja nicht sein!
- Mitsamt Ihrer Absicht und Zielsetzung wird
somit der Fokus auf Ihr ICH BIN gelenkt, auf ein
höheres Bewusstsein.

Quantenphysik und Quantenheilung

Die Annahme, die Quantenheilung sei eine direkte Weiterentwicklung aus der Quantenphysik, ist falsch. Als Basis für die Quantenphysik gilt die Quantentheorie von Max Planck aus dem Jahr 1900, Strahlung (bzw. Schwingung) und Materie können nur eine bestimmte und nicht beliebige Menge an Energie austauschen, diese Energie-Einheiten werden unter dem Begriff „Quanten" (von lateinisch „quantum", „wie viel" oder „wie groß") innerhalb eines davon abhängigen Systems zusammengefasst. Energie geht zwar nicht verloren, aber sie bleibt auch nicht einfach irgendwo übrig. Die Quantenphysik, welche die Gesetzmäßigkeiten in atomaren und subatomaren Bereichen behandelt, ist eine wissenschaftliche Disziplin, die sich auf komplizierte Berechnungen stützt. Meinem metaphysischen Verständnis nach führt die Quantenphysik – bestehend aus Quantenmechanik und Quantenfeldtheorie – jedoch weit über die klassische Wissenschaft hinaus, auch wenn dieses von vielen ihrer heutigen Vertreter als unseriös angesehen wird. Kein Wunder, denn sie bedienen sich allein den Mitteln des Verstandes, obwohl die wissenschaftlichen Ergebnisse seit über 100 Jahren das Gegenteil offenbaren. Das ist ungefähr so, als wenn Sie einem Kreis erklären müssten, was eine Kugel ist. Sie könnten unzählige Versuche unternehmen und würden damit scheitern. Dem Kreis könnte auf dem Pfad der Erkenntnis nur durch einen „Quantensprung" geholfen werden! Aus der Kreis-Perspektive wäre das einem sehr großen Bewusstseins-Sprung vergleichbar.

Quanten-Effekte sind längst in unserem Alltag angekommen. Sie spielen zum Beispiel bei Lasern, Transistoren oder in der Elektronenmikroskopie eine wichtige Rolle. Viele Quantenphysiker sind mit ihren Forschungen allerdings nur auf Licht- und Informationstechnik ausgerichtet – statt auf Bewusstseinstechnik. Sämtliche Aspekte der Quantenphysik zu berücksichtigen, ist im Rahmen dieses kleinen Buches nicht möglich. (Zur „Quantenfeldtheorie" siehe Kapitel „Die Matrix".)

Die in dem Kapitel „Zum Begriff der Energie" schon angesprochene Wahrscheinlichkeit bezeichnet in der Quantenphysik den wahrscheinlichen Aufenthalt eines Teilchens innerhalb eines physikalisch angenommenen Raumes, wie zum Beispiel ein Elektron innerhalb eines Atoms.

Die so genannte „Unschärferelation" oder das Unbestimmtheitsprinzip nach Werner Heisenberg

(Nobelpreis für Physik 1932) besagt in der Quantenmechanik, dass zwei messbare Eigenschaften eines Teilchens nicht gleichzeitig beliebig genau gemessen werden können. Der Zustand des Teilchens oder das des Systems, in dem es sich bewegt, unterliegt in der Wahrscheinlichkeit einer Wellenfunktion. Ein Teilchen kann als Teilchen und als Welle zugleich oder nur als Teilchen und nur als Welle in Erscheinung treten.

Das wichtigste Beispiel einer physikalischen Welle ist die elektromagnetische Welle als Zusammenschluss elektrischer und magnetischer Felder; als „Geburtshelfer" agiert die Wellenfunktion des Lichtes (Photonen oder Lichtquanten). Die Wechselwirkung elektromagnetischer Wellen mit Materie bezieht sich auf ihre spezifische Frequenz – oder Schwingung.

Lichtwellen wirken wie Teilchen und Teilchen wirken wie Wellen. Der so genannte „Welle-Teilchen-Dualismus" besagt, dass Materie von A nach B gelangen kann, ohne sich durch den dazwischenliegenden Raum zu bewegen (Quantentunnel).

Die Wellenfunktion wird in der Quantenmechanik durch die so genannte Schrödingergleichung beschrieben, welche jedoch nicht mathematisch exakt hergeleitet werden kann. Erwin Schrödinger (Nobelpreis für Physik 1933) vermittelt in der nach ihm benannten Gleichung die Wahrscheinlichkeit, Teilchen in einem bestimmten physikalischen Raum nachzuweisen. Die darin enthaltene Wellenfunktion ist für die Ausbreitung der Teilchen entscheidend. Wenn sich ein Teilchen durch den physikalischen Raum bewegt, ändert sich dabei aber nicht seine Energie-Menge. Mit anderen Worten: Es gilt der Energieerhaltungssatz!

Innerhalb des Systems geschieht nach meiner Auffassung eine Energieangleichung, nur wodurch?

Erwin Schrödinger selbst liefert die Antwort in seinem berühmten Gedankenexperiment „Schrödingers Katze": Dabei stellt man sich eine Katze in einer verschlossenen und nicht einsehbaren Kiste vor. Darin befindet sich ebenfalls eine Giftkapsel, deren Zerfall von einem radioaktiven Atom gesteuert wird. Ein vollkommen zufälliger Prozess. Zerfällt der Atomkern, wird Radioaktivität und somit das tödliche Gift freigesetzt. Die Frage heißt nun: In welchem Zustand befindet sich die Katze? Man kann nämlich nicht genau feststellen, ob die Katze zu einem bestimmten Zeit- oder Messpunkt noch lebt oder bereits tot ist. Die Existenzdauer für ein einzelnes Atom lässt sich nicht exakt bestimmen. Nach der Quantentheorie ist das Atom in einem Zustand der „Überlagerung", sein Zustand besteht aus zwei Zuständen gleichzeitig, schon zerfallen und noch nicht zerfallen! Demnach müsste sich die Katze in der ungeöffneten Kiste ebenfalls in diesem Zustand beziehungsweise in zwei Zuständen befinden, gleichzeitig tot und lebendig. Erst durch einen Beobachter von außerhalb, der die Kiste schließlich öffnet, entscheidet sich der finale Zustand der Katze. Vorher nicht.

Die Existenz gleichzeitiger Zustände wird in der Quantenphysik auch „Verschränkung" genannt, was der klassischen Physik sehr widerspricht. In einem quantenphysikalischen System herrscht ein nachvollziehbarer Gesamtzustand, während ein Teilsystem oder mehrere Teilsysteme diesem Gesamtzustand nicht folgen, da sie einen eigenen Zustand einnehmen. Die Verschränkung innerhalb des Systems ist beendet, sobald man eines der Teilsysteme auf einen bestimmten seiner Zustände festlegt. Das Gesamtsystem ist also aufgrund seiner Teilsysteme variabel und von ihnen abhängig. Es ist nicht vorhersehbar, sondern unterliegt allen gegebenen Möglichkeiten von Wirklichkeiten.

Zwei Teilchen, die miteinander verschränkt sind, sich jedoch an zwei verschiedenen Orten befinden, sind „geisterhaft verbunden", so der Fachausdruck. Beobachtet man nur das eine Teilchen, ist der Zustand des anderen Teilchens damit automatisch festgelegt, egal, wie weit beide Teilchen räumlich voneinander entfernt sind. (1997 konnte durch Anton Zeilinger erstmals eine „Teleportation" experimentell nachgewiesen werden.)

Fazit auch im Fall von „Schrödingers Katze": Der Beobachter beobachtet nicht nur, er gestaltet die Realität, indem er sie beobachtet! Er wird somit zum Schöpfer seiner Realität. Die Wahrscheinlichkeit ist überwunden.

Und erst dadurch wird eine Energieangleichung von Beobachter und des Beobachteten wirksam. Dies wäre metaphysisch betrachtet einem Quanten-Gesamtsystem gleichzusetzen, und zwar in seinem Grundzustand der „Nullpunkt-Energie". Hier nämlich liegt die Schnittstelle, um ein höheres Bewusstsein anzuzapfen und durch die Ausrichtung auf dasselbige verfügbar zu machen. Außerhalb des Denkens, des Verstandes und des Egos. Durch bewusste Wahrnehmung.

Das „Doppelspalt-Experiment": Schießt man in einem Versuchsaufbau ein einzelnes Elektron auf eine Wand mit zwei schmalen, parallelen und gleich großen Längs-Spalten, würde man erwarten, dass man das Elektron dann entweder hinter dem linken oder dem rechten Schlitz nachweisen kann. Tatsächlich jedoch ist es so, dass das Elektron beide Spalten passiert hat, was sich aufgrund des abgebildeten Musters (Interferenzmuster) beweisen lässt. Das funktioniert sogar dann noch, wenn einer der beiden Spalten erst geöffnet wird, nachdem (!) das Elektron auf die Wand zugeflogen ist. Es hat sich also trotzdem durch beide Schlitze bewegt, obwohl einer davon versperrt gewesen ist. Dennoch bleibt die ungelöste Frage, warum der bewusste Beobachter bei dem „Doppelspalt-Experiment" gar nicht gebraucht wird, um das vorliegende Ergebnis zu erzielen. Die „Steuerungskonsole" könnte einen erweiterten zweiten Antrieb haben – oder das Bewusstsein an sich einen unbekannten Aspekt.

Das Kausalitätsprinzip unserer dreidimensionalen Realität, das Prinzip von Ursache und Wirkung in Bezug auf eine lineare Zeit, kommt in der Quantenphysik unter bestimmten Gegebenheiten nicht vor. Oder etwa doch? Das Leben findet nur im Hier und Jetzt statt. Dieses Jetzt ist auf der Quanten-Zeitachse verschiebbar: Es wäre dazu in der Lage, dort eine Ursache zu setzen, wo die Wirkungen bereits geschehen sind (Vergangenheit) und dort, wo es noch keine Wirkungen gegeben hat (Zukunft), und zwar mittels einer Energieangleichung. Unendlich viele Möglichkeiten von Wirklichkeiten existieren parallel. Wie viele davon aktiviert werden, entscheidet der Wahrnehmende beziehungsweise derjenige, der das (höhere) Bewusstsein im richtigen Moment anzapft. Ob Zeitreisen wirklich im Bereich des Realen liegen, ist nur mathematisch erforscht – als extreme Verbiegung rotierender „Schwarzer Löcher" im All. Achtung: Auch „Anti-Materie" unterliegt dem Bewusstsein!

Der Aufbau des Universums, so die Forschung, ist sehr wahrscheinlich holografisch, das heißt, es besteht neben Materie und Energie aus Information. Jedes Teil des Gesamtsystems trägt sämtliche verfügbare Informationen in sich, jedes Teil enthält sich wiederum selbst – auf der Basis einer Wellenfunktion. Licht als elektromagnetische Strahlung bzw. Schwingung hinterlässt Interferenzmuster (Überlagerung).

Ob dies auch bei Dunkelheit der Fall ist, lasse ich als Frage im holografischen Raum stehen. In der Dualität gibt es ohne Dunkelheit zwar kein Licht, doch wenn Sie sich ausschließlich der lichtvollen

Seite zuwenden und anvertrauen, wird sich Ihr schöpferisches Potential in vollem Umfang entfalten. Sonst nicht. Dunkelheit kommt vorwiegend von außen, doch das Licht ist bereits in Ihnen. Lassen Sie es strahlen, denn „Gleiches zieht Gleiches an".

Die erste Formulierung des Begriffs „Quantenheilung" geht zurück auf den populären indisch-amerikanischen Mediziner und Autor Dr. Deepak Chopra, der in den 8oer Jahren Parallelen zwischen Quantenphysik, Medizin und Spiritualität erkannte. Das New Yorker Time Magazine zählt ihn zu den einhundert herausragenden Köpfen des 20. Jahrhunderts. Die 2-Punkt-Methode aus der Quantenheilung ist keine neue Erfindung, sondern geht zurück auf traditionelle chinesische Medizin. (Auch Akupunktur zum Beispiel arbeitet mit der Freisetzung energetischer Blockaden.) Alles, was die moderne westliche Medizin nicht erklären kann, wird gerne als „Placebo-Effekt" abgetan, das heißt, indem man an eine vorgegebene Wirksamkeit unbeirrt glaubt, wird diese Wirksamkeit in der Realität aktiviert. Wunderbar! Der Glaube versetzt Berge! Das Ergebnis hat hier mit dem „Glauben" im religiösen Sinne einer tiefen Frömmigkeit nichts zu tun, sondern wiederum nur mit der (unbewussten) Anwendung eines quantenphysikalischen Effektes. Wie man diesen benennt, spielt keine Rolle. Der Glaube an sich ist ein hervorragendes Instrument, um Ideen auf spirituelle Weise in die Tat umzusetzen. Alles, was nämlich außerhalb Ihrer Glaubensgrenze liegt, kann sich nicht realisieren. Wenn Sie zum Beispiel sagen: „Ich glaube ganz fest, dass ich bis heute Abend Millionär bin", dann unterstelle ich Ihnen, dass Sie sich damit außerhalb Ihrer Glaubensgrenze befinden. Bei der Brückmann-Methode geht es nicht darum, direkt etwas zu manifestieren, sondern einen Weg aufzuzeigen, der die Frage aus einem bestimmten Themenbereich beantwortet oder einen Impuls, ein Bild, eine Idee oder einen „Geistesblitz" liefert, was zu tun ist, um das (klar formulierte) Ziel durch das Auflösen einer energetischen Blockade bewusst und nicht unterbewusst zu erkennen.

Bei der Quantenheilung handelt es sich genauso wie bei der Quantenphysik um eine Energieangleichung, dessen Vorgang hier bereits beschrieben worden ist. In der Quantenheilung wird ein höheres Bewusstsein angezapft und verfügbar gemacht. Die Energieangleichung geschieht automatisch. Das Stichwort lautet „Nullpunkt-Energie", wobei natürlich nicht die rein physikalische Erklärung des Quanten-Vakuums gemeint sein kann. Der Nullpunkt beschreibt einen „magischen Moment", der das Tor zwischen Mensch und höherem Bewusstsein in einem gegenseitigen Energie-Austausch öffnet und durchlässig macht. Intuition, Inspiration, das „Bauchgefühl" oder die innere Stimme übernehmen die Führung. Die gewünschte Information als Antwort auf eine Frage zu einem bestimmten Lebensbereich kann mittels der Wahrnehmung abgerufen werden. Das geschieht entweder in Worten oder in Metaphern und Bildern, die dem Fragesteller meist unmittelbar gezeigt werden. Aber es kann auch erst nach dem Coaching passieren, sodass die ersehnte Antwort sozusagen „nachgeliefert" wird. Zwanghaftes Wollen blockiert jedoch das Ergebnis, denn dann agieren Sie aus dem Ego heraus, aus dem ICH – und nicht aus dem ICH BIN. Das merken Sie daran, wenn Ihnen die Leichtigkeit und das Spielerische abhanden kommen. Damit dies nicht geschieht, basiert die Brückmann-Methode auf unterschiedlichen fantastischen Geschichten, in denen Sie bewusst in eine Abenteuerwelt abtauchen können. Je intensiver Sie sich auf eine spielerische Leichtigkeit und Offenheit fokussieren, je besser funktioniert die Methode.

Noch einmal: Es geht nicht um ein Konzept, dass Sie sich im Außen überstülpen lassen. Sie sind die Hauptfigur in Ihrer Geschichte und nur Sie tragen die Verantwortung für sich selbst.

Die Quantenheilung ist eine Aktivierung der Selbstheilungskräfte, eine Hilfe zur Selbsthilfe. Sämtliche Themen des Lebens werden dabei angesprochen. Das Ergebnis bedeutet immer eine positive Veränderung, einen begehbaren Weg zum Besseren. Disharmonien werden in ganzheitlicher Weise ausgeglichen und zwar nicht nur auf der dreidimensionalen Ebene des materiellen Körpers. Wie bei dem Prinzip der Quantenphysik wirkt sich die positive Veränderung einer Ebene auf alle weiteren Ebenen aus, sodass mit anderen Worten alle weiterführenden Dimensionen (auf dem Pfad zum allerhöchsten Bewusstsein) davon betroffen sind. Interessant ist, dass es auch zu positiven Veränderungen in anderen Bereichen des Lebens kommen kann, welche gar nicht angesprochen worden sind! Für die freigesetzte Energie gibt es keine Begrenzung, sie fließt einfach dahin, wie und wo sie gebraucht wird, um Balance und Harmonie wieder herzustellen. Was jedoch bei der Quantenheilung exakt passiert, kann nicht formuliert werden. Auch dieses kleine Buch ist natürlich nur ein Versuch, die gegebenen und sehr komplexen Umstände mit dem Verstand zu erklären, aber eben nicht nur. Es liegt in der Absicht des Autors, die beschriebenen Phänomene vielleicht sogar mit dem Gefühl zu verstehen, eine Ahnung davon zu spüren, was Quanten-Effekte für das Bewusstsein bedeuten.

Die klassische 2-Punkt-Methode arbeitet durchgehend mit den Händen, bei der Brückmann-Methode ist es nur am Anfang so.

Obwohl die Hände vielmehr als Messinstrumente agieren, legt die 2-Punkt-Methode meist Wert darauf, die beiden Punkte irgendwo auf dem Körper, auf denen die Hände ruhen sollen, in einem Extra-Prozess individuell zu finden. Dabei wird zwischen dem „Themenpunkt" und dem „Korrespondenzpunkt" unterschieden. Die beiden Punkte sind durch gefühlsmäßiges Ausprobieren aufzuspüren, was aus meiner Sicht eine sehr „verkopfte" Angelegenheit werden kann. Schließlich geht es um das Bewusstsein – und da ist das Auffinden der beiden Punkte nicht entscheidend. Wo sie genau auf dem physischen Körper lokalisiert werden, ist im Grunde egal. Sie haben sich jedoch als solides Hilfsmittel entpuppt, sodass auch die Brückmann-Methode von den zwei Punkten Gebrauch macht. Allerdings sind hier die beiden Punkte auf zwei bestimmte

Körperregionen festgelegt. Das ist kein Mittel der Einschränkung, sondern der erleichterten Anwendung, da es energetisch wenig Sinn macht, die Punkte zum Beispiel auf dem rechten großen Zeh und dem linken Ohrläppchen zu lokalisieren. (Doch sollte Ihnen diese oder eine andere frei gewählte Variante mehr entsprechen, dann nehmen Sie sie einfach!)

Während des Coachings liegen die Hände des Anwenders zu Beginn idealerweise auf zwei der menschlichen Haupt-Energie-Zentren: Das ist zum einen der Brustkorb-Bereich mit dem Herzen und zum anderen der Bauch-Bereich mit dem Solarplexus.

Das Herz hat nicht nur die Funktion, die Lebensfähigkeit des Körpers aufrecht zu erhalten, indem ein stabiler und regelmäßiger Kreislauf garantiert wird, es besitzt darüber hinaus ein messbares elektromagnetisches Energiefeld von zwei bis drei Metern Durchmesser – um das Herz herum. Dieses erstaunliche Energiefeld ist weitaus größer und etwa 5000 mal stärker als das des Gehirns! Trotzdem dient traditionell nach wie vor der Verstand als Hauptinstrument der Erkenntnis.

Das energetische Herz ist der Ort, in dem das höchste Bewusstsein erfahrbar gemacht werden kann. Es ist der Ort der Liebe. Die anderen beiden der Trinität sind die Freude und die Dankbarkeit. Wenn man ehrlichen Herzens etwas sehr Positives mit dem Herzen fühlt und wahrnimmt, dann sind Liebe, Freude und Dankbarkeit die drei Begleiter.

Der Solarplexus oder das „Sonnengeflecht" ist der Bereich, wo zum Beispiel die „Schmetterlinge" sind, wenn man verliebt ist. Der Solarplexus (hergeleitet aus dem Lateinischen, „sol" = „Sonne", „plexus" = „Geflecht") befindet sich unter dem Zwerchfell auf der Aorta, der Hauptschlagader, als aufliegendes Geflecht aus Fasern des vegetativen Nervensystems, von dem aus alle Eingeweide der oberen Bauchhöhle mit Nerven versorgt werden. Im physischen Körper ist der Solarplexus ein autonomes Nervengeflecht im Oberbauch, knapp oberhalb des Bauchnabels. Das starke elektromagnetische Feld ist ebenfalls messbar. Die Nerven, die aus den Bauchorganen kommen, durchlaufen den Brustkorbbereich hoch zum Gehirn und umgekehrt. Ein gezielter Schlag auf den Solarplexus kann zu Übelkeit, Schwindel oder sogar Bewusstlosigkeit führen.

Energetisch betrachtet ist der Solarplexus der Ort der Intuition, der Inspiration und natürlich der des „Bauchgefühls", wie das Wort ja schon sagt. Auch die „innere Stimme" korrespondiert mit dem Sonnengeflecht, um möglichst nicht mit urteilenden Gedanken aus dem Verstand in Berührung zu kommen. Mit dem Solarplexus steht die fühlende Seite des Menschen im Vordergrund und nicht die rationale.

Bei dieser praktisch angewandten 2-Punkt-Methode aus der Quantenheilung werden Herz und Bauch bewusst in Resonanz gebracht, obwohl die Verbindung rein physisch bereits besteht.

Eine Hand ist für die Brust und damit für das Herz zuständig, die andere Hand für den Bauch und damit für den Solarplexus. Welche der beiden Hände – ob nun die linke oder rechte – die jeweilige Aufgabe übernimmt, bleibt ganz Ihnen vorbehalten. Lassen Sie spontan die Intuition entscheiden!

Anmerkung: Die Hand für den Brustkorb-Bereich liegt in der Mitte des selbigen und nicht direkt auf dem Herzen. Das hat den Grund, weil Sie sonst den Fokus auf Ihren eigenen Herzschlag richten würden. Darum aber geht es in der Methode nicht.

Fazit: Quantenheilung hat nichts mit Mystik zu tun. Es ist eine Energiearbeit mit Hilfe des Bewusstseins. Und warum funktioniert Quantenheilung? Sie selbst bestehen zu einhundert Prozent aus Energie! Sie sind ein Energiewesen, das sich zum Zweck der menschlich-irdischen Erfahrungen „verdichtet" hat – mittels Ihres Erfahrungs-Apparates „physischer Körper". (Den haben Sie sich hier nur ausgeliehen und müssen ihn später an der Garderobe wieder abgeben.) Dies wiederum hat den Zweck, Bewusstsein als solches erfahrbar zu machen, denn Sie sind Bewusstsein beziehungsweise ein untrennbarer Teil davon.

Gibt es ein Phänomen, welches Sie daran hindern könnte, sich selbst als bewusstes Schöpfer-Wesen zu erleben? Ja, dieses Phänomen ist leider sehr verbreitet: Es ist das Gegenstück zu der höchsten Energieform der Liebe – und das ist die Angst. Sie beruht auf Unwissenheit, Vorgabe falscher Tatsachen und Manipulation. Ihre Energie-Zentren – und davon gibt es insgesamt sieben – werden gedeckelt und erheblich eingeschränkt. Ihre „Gesamt-Schwingung" ist auf einem sehr niedrigen Niveau. Angst ist ein Kontrollmechanismus, den Sie nicht brauchen. Egal woher die Angst kommt, schauen Sie sie an und umarmen Sie sie. Nur dadurch bekommt die Angst die Chance, sich aufzulösen und aus Ihrem Leben zu verschwinden. Ebenso ist es mit der Trauer.

So weit die Hintergrund-Informationen, um mit der Brückmann-Methode starten zu können:

Denken Sie nicht an irgendwelche Quanten-Effekte, sondern lassen Sie sie einfach geschehen. Bleiben Sie locker und entspannt ohne allzu großen Druck in der Erwartungshaltung aufzubauen, denn damit haben Sie die besten Voraussetzungen, um alles über sich zu erfahren.

Zusammenfassung „Quantenphysik und Quantenheilung“:

- Max Planck als Begründer der Quantenphysik
- Begriff der „Wahrscheinlichkeit“: Laut der „Unschärferelation“ nach Heisenberg können Teilchen als Teilchen und Welle zugleich auftreten (Verschränkung). Schrödingergleichung
- Gedankenexperiment „Schrödingers Katze“
- Der Mensch ist der bewusste Schöpfer und Lenker seiner Realität, und zwar in der Energieangleichung beim Erreichen der „Nullpunkt-Energie“ in einem höheren Bewusstsein, Wahrnehmung legt sich auf eine Möglichkeit von Wirklichkeit fest.
- „Doppelspalt-Experiment“, offene Fragen
- holografischer Aufbau des Universums
- Die 2-Punkt-Methode aus der Quantenheilung geht zurück auf traditionelle chinesische Medizin.
- positive Veränderungen auf allen Dimensions-Ebenen, Quantenheilung als Energiearbeit
- Brückmann-Methode: Festlegung der beiden Energiepunkte auf Brustbereich/ Herz und Solarplexus, Erläuterung dieser beiden physischen Bereiche und Energiefelder
- energetischer Gegensatz, Liebe und Angst

Die Hände synchronisieren

Bevor ich im nächsten Kapitel meine Coaching-Methode ausführlich in der Praxis erkläre, gibt es noch eine kleine Übung zu absolvieren, die zwecks Vorbereitung von großer Wichtigkeit ist: Bei der 2-Punkt-Methode aus der Quantenheilung kommen – wie gerade erläutert – beide Hände zum Einsatz, welche dabei den gesamten physischen Körper repräsentieren.

Die linke Hand steht stellvertretend für die linke Körperhälfte, für welche die rechte Gehirnhälfte zuständig ist. Die rechte Hand steht stellvertretend für die rechte Körperhälfte, sodass die linke Gehirnhälfte verstärkt zum Einsatz kommt. Dazu sollte man wissen, dass die linke Gehirnhälfte für das Denken mit Hilfe des Verstandes – Logik, Analytik, komplexe Informationen, Sprache – verantwortlich ist, während die rechte Gehirnhälfte für die Gefühle, also auch für die Fantasie und die bildliche Vorstellungskraft., für alles Spielerische, für Ideen und „Geistesblitze".

Die Aufgabenteilung beider Gehirnhälften wird auch als „Hemisphären-Modell" bezeichnet. Die moderne westliche Wissenschaft betrachtet dieses Modell mittlerweile als überholt. Trotzdem:

Übertragen auf die Bits eines Computers, der kleinsten elektronischen Speichereinheit und Maßeinheit für den Informationsgehalt, ergibt sich Folgendes: Die linke „rationale" Gehirnhälfte kann maximal 40 bis 50 Bits auf einmal verarbeiten, bei der rechten „emotionalen" Gehirnhälfte sind es – halten Sie sich fest – 10 bis 11 Milliarden Bits auf einmal! Ob es bald einen Computer geben wird, der es mit der Leistung Ihrer rechten Gehirnhälfte aufnehmen kann, bleibt fraglich.

Ist zum Beispiel bei einem Unfall die rechte Gehirnhälfte beeinträchtigt, sind die körperlichen Folgen besonders auf der linken Körperhälfte ausgeprägt – und umgekehrt. Der Körper wird also in zwei Hälften gesteuert. Das ist eine Tatsache.

Diese „Über-Kreuz-Funktion" wird während der Anwendung der 2-Punkt-Methode gelockert, das heißt, durch die Synchronisation der Hände geschieht in einem gewissen Ausmaß gleichzeitig eine Synchronisation beider Gehirnhälften! Oder etwas vorsichtiger ausgedrückt: Im Kopf geschieht eine bestimmte Kommunikation zwischen den Neuronen oder Nervenzellen. Eine vollständige Synchronisation des Gehirns anzunehmen, erscheint ein wenig übertrieben. Dennoch ist durch die 2-Punkt-Methode eine Möglichkeit der gegenseitigen Beeinflussung beider Gehirnhälften gegeben.

Übung: Setzen Sie sich bequem hin, entspannen Sie sich und atmen Sie gleichmäßig.
Führen Sie Ihre beiden ausgestreckten Hände vor dem Brustkorb-Bereich ganz langsam zusammen, als würde es sich um zwei Magnete handeln. Die Handflächen, die Finger und die beiden Daumen nähern sich aneinander an, ohne sich dabei zu berühren, denn sie stoßen sich sanft gegenseitig ab.
Bewegen Sie die Hände weiter auseinander und wiederholen Sie den Vorgang der Annäherung mehrere Male. Variieren Sie dabei den Abstand zwischen den in Ihrer Vorstellung „magnetischen" Händen. Das gleichmäßige Atmen bitte nicht vergessen.
Anschließend legen Sie den Fokus Ihrer Wahrnehmung zunächst nur auf eine der Handflächen. Dann nur auf die andere.
Jetzt nehmen Sie beide Handflächen gleichzeitig wahr und beobachten die physischen Veränderungen. Das kann ein Kribbeln sein, ein Ziehen oder auch Wärme. Wenn Sie eine Gleichmäßigkeit – eine Synchronisation – wahrnehmen, können Sie den Aspekt der Vorstellungskraft bei geschlossenen Augen noch

erweitern:

Zusätzlich gehen Sie tiefer in die Imagination und stellen sich vor, dass sich zwischen Ihren beiden Gehirnhälften eine „Trennwand" oder ein „Vorhang" öffnet, um so den gegenseitigen Energie-Austausch beider Hälften noch besser zu ermöglichen. Auf jeden Fall unterstützen Sie damit die gesamte Gehirnleistung und sind in der Ganzheitlichkeit.

Das ist alles. Damit sind Sie vorbereitet für die Brückmann-Methode in der Praxis.

Zusammenfassung „Die Hände synchronisieren":

- beide Hände repräsentieren den gesamten physischen Körper
- die rechte Hand steht für die rechte Körperhälfte, zuständig ist die linke Gehirnhälfte (Denken: Logik, Analytik, komplexe Zusammenhänge)
- die linke Hand steht für die linke Körperhälfte, zuständig ist die rechte Gehirnhälfte (Gefühle: Inspiration, Fantasie, Imagination), erhebliche Leistungskapazität
- Durch die Synchronisation der Hände geschieht in gewissem Ausmaß auch eine Synchronisation beider Gehirnhälften.
- Übung zur Vorbereitung auf die 2-Punkt-Methode: Beide Hände vor dem Brustkorb als Magnete wahrnehmen und spielerisch die Abstände variieren. Fokus der Wahrnehmung zunächst nur auf eine Handfläche, dann nur auf die andere, schließlich auf beide gleichzeitig richten, körperliche Reaktion beobachten.
- Zusätzliche Imagination: Energie-Austausch zwischen beiden Gehirnhälften

Die Methode in der Praxis

Alles, was ich mit einen Klienten vor, während und nach dem Coaching bespreche, bleibt streng vertraulich unter uns. Das ist zwar selbstverständlich, aber ich möchte es noch einmal erwähnen. Für eine spätere Analyse mache ich mir während des Coachings Notizen, um einen besseren Überblick zu erhalten, sofern Sie die Variante gewählt haben, mich von Ihrem Themenbereich beziehungsweise von Ihrer Absicht und Zielsetzung in Kenntnis zu setzen. Dies ist dann für Sie gleichzeitig eine Erinnerungs-Stütze an die Erlebnisse in der „fantastischen Welt". Einen Tonband-Mitschnitt oder dergleichen gibt es nicht.

Die Brückmann-Methode ist mein Angebot einer angewandten Lebenshilfe, die Elemente aus der Quantenheilung, Atemtechnik und Imagination mit der freien Fantasie vereint, um in ein höheres Bewusstsein zu gelangen. Für mich persönlich ist es daher sehr wichtig, dass Sie den rechtlichen Hinweis zu meiner Arbeit kennen. Bevor wir mit dem Coaching beginnen können, haben Sie den rechtlichen Hinweis zur Kenntnis genommen, den ich zu diesem Zweck an dieser Stelle noch einmal wiederhole.

Rechtlicher Hinweis: Bei meinen Coachings handelt es sich um eine vertrauensvolle Beratungstätigkeit in Form einer Dienstleistung, einer Hilfe zur Selbsthilfe. Diese Tätigkeit, für die ich keinerlei Haftung übernehme, ist bei körperlichen oder geistigen Erkrankungen welcher Art auch immer niemals mit fachärztlichen Konsultationen gleichzusetzen. Nochmals: Bei schwerwiegenden gesundheitlichen Problemen oder bestehenden Risiken wenden Sie sich bitte an Ihren Arzt!

Sie haben eine der „sieben fantastischen Welten" für sich ausgesucht, in der Sie sich während des Coachings unter Anleitung interaktiv bewegen möchten. Sie kennen das zu verändernde Thema. Ihre Absicht und Zielsetzung ist mit positiven Worten in der Gegenwartsform formuliert und befindet sich auf einem entsprechend beschriebenen Zettel in Ihrem Sichtbereich. Sie können dieses Blatt Papier auch als „imaginäre Schatzkarte" während des Coachings mit sich führen. Außerdem haben Sie das Kapitel „Hinweise zu Ihrer Sicherheit" in diesem Buch gelesen. Das Wichtigste dabei: Sie sind durch eine Rückenlehne und gegebenenfalls Armlehnen abgesichert, falls Sie anfangs als körperliche

Reaktion nach hinten oder zur Seite kippen, wenn sich energetische Blockaden lösen. Mit anderen Worten: Sie sitzen in einem gut gepolsterten Sessel, auf einem Sofa oder auf Ihrem Bett. (Oder direkt vor einer Wand, falls Sie auf dem Fußboden auf einem Teppich sitzen.) Sie sind alleine in einem Raum, sodass schon durch die Umgebung die notwendige Ruhe auf Sie einwirkt, welche für das Coaching die erste Grundlage sein sollte. Störende Geräusche im Hintergrund gilt es zu vermeiden. Ebenso wie alles, was ablenkt. Die Stille dient zuvor der Entspannung und dann der konzentrierten Aufmerksamkeit auf das Coaching. Es kann – wie gesagt – vorkommen, dass Sie anfangen zu schwanken, zu zittern, zu weinen oder zu lachen. Oder es passiert körperlich rein gar nichts. Das ist nicht vorhersehbar, individuell verschieden und abhängig von dem Spektrum Ihres Themas oder des Zustandes, den Sie positiv verändern möchten.

Dennoch sollten Sie auf alle Eventualitäten vorbereitet sein, denn die körperlichen Reaktionen sind ein Parameter dafür, dass die angestrebten Veränderungen bereit sind, in Ihr Leben zu treten, indem sich die Blockaden lösen oder zumindest schon einmal zeigen, dass diese in Ihrem Themenbereich vorhanden sind. Ein Grund zur

Besorgnis in Bezug auf die körperlichen Reaktionen besteht nicht. Ein Taschentuch und ein Glas Wasser in der Nähe zu haben, kann auf jeden Fall nicht schaden. Und der ruhige Platz, den Sie für sich ausgewählt haben, sollte für die Dauer des Coachings ein ungestörter und bequemer Ort bleiben. Inklusive Ihrer Kleidung.

Die Brückmann-Methode funktioniert übrigens auch im Liegen, so jedenfalls meine persönliche Erfahrung. Obwohl die Möglichkeit besteht, dass Sie dann während des Coachings einschlafen. In der Imagination sind Sie in Ihrer „fantastischen Welt" sowieso die meiste Zeit im Stehen, Gehen oder Laufen unterwegs, ob Sie Ihren „Avatar" nun im Sitzen oder im Liegen steuern. Das ist je nach Vorliebe Ihre persönliche Entscheidung. Empfehlen würde ich das Coaching dennoch im Sitzen. Warum das so ist, werden Sie sehen, wenn es darum geht, Ihren „Licht-Zwilling" zu erschaffen.

Sind Sie bereit? Dann können wir jetzt langsam auf die „fantastische Welt" zusteuern, die Sie ausgewählt haben. Als Coach werde ich Sie in diese Welt begleiten. Die Durchführung der Brückmann-Methode geschieht in der Regel am Telefon. Sie benötigen dazu also ein entsprechendes Gerät mit einer

Freisprechfunktion oder mit Kopfhörern, um beide Hände frei zu haben. Die Telefon-Variante eignet sich gut dafür, sich auf sich selbst zu konzentrieren. Aber auch ein persönliches Coaching-Treffen ist möglich.

Ihre Absicht und Ihre Zielsetzung ist klar und deutlich formuliert, das heißt, Sie haben das Ziel Ihrer gewünschten Veränderung klar und deutlich vor Augen. Falls dies noch nicht der Fall ist, fragen Sie sich, welchen Zustand oder welches Ziel Sie am Ende erreichen möchten. Welches ideale Ergebnis legen Sie für sich fest, um ganz und gar zufrieden zu sein? Malen Sie sich jedes Detail so genau wie möglich aus und erleben Sie diesen Idealzustand, als handelt es sich bereits um einen Teil Ihrer Realität! Fühlen Sie sich in diese neue Realität hinein! Hinterfragen Sie den Zustand oder das Thema nicht mit dem Verstand, da der Verstand sofort ein Urteil darüber stülpt – meistens in Form einer Begrenzung. Wir begeben uns jedoch bewusst in eine Fantasiewelt, dort gibt es solche Grenzen nicht.

Spätestens jetzt sollten Sie die Entscheidung getroffen haben, ob Sie Ihre Absicht und Zielsetzung für sich behalten – oder mir als Ihren Coach mitteilen möchten, welches Thema Sie in welcher Weise positiv verändern möchten. Ihre

Entscheidung hat keinen Einfluss auf das Ergebnis des Coachings.

Vertrauen Sie vor allem sich selbst, und dass sich Ihr Anliegen, Ihr Problem oder Ihre Absicht auf die beste Weise entwickeln und verändern wird, die überhaupt möglich ist. Überlassen Sie die Arbeit den Quanten-Effekten, Ihrer Intuition und Fantasie und übergeben Sie alles einem höheren Bewusstsein, sobald Sie in der „Nullpunkt-Energie" angekommen sind. Das können Sie mit dem Verstand nicht erfassen, doch Sie werden den richtigen Moment wahrnehmen. Einfach dann, wenn es so weit ist. Vertrauen Sie auf Ihr Gefühl. Und sollte sich Ihr Verstand dennoch Gehör verschaffen, dann machen Sie ihm klar, dass kritische Einwände und Zweifel hier nicht gebraucht werden! Seien Sie nett und bestimmend gegenüber Ihrem Verstand, aber knicken Sie nicht vor ihm ein.

Tauschen Sie Ihren Alltag ein durch die von Ihnen gewählte „fantastische Welt". Allmählich verschwindet der Alltag um Sie herum. Achten Sie dennoch auf mögliche körperliche Reaktionen und darauf, dass Sie im Fall des Falles weich und gut gepolstert aufgefangen werden.

Sie sitzen gerade, aufrecht und angelehnt – und schließen die Augen. Sie atmen ruhig und gleichmäßig, ohne anfangs näher auf den Atem zu achten. Fokussieren Sie sich auf das Thema oder den Zustand, den Sie positiv verändern möchten, falls Sie es nicht längst schon tun.

Lesen und verinnerlichen Sie den kurzen Text Ihrer Absichtserklärung entweder stumm in Gedanken oder sprechen sie ihn laut vor sich hin. Auch mehrmals, wenn Sie es möchten.

Jetzt kommt die 2-Punkt-Methode aus der Quantenheilung zum Einsatz: Legen Sie also eine Hand auf die Mitte Ihres Brustkorbs oder halten Sie sie ein paar Zentimeter darüber in das Energiefeld. Richten Sie Ihre Wahrnehmung nun auf die Innenfläche dieser Hand. Beobachten Sie genau, was passiert. Wie fühlt sich die Innenfläche an? Empfinden Sie ein Kribbeln oder ein Ziehen? Entwickelt sich gar Wärme? Interpretieren Sie nichts, nehmen Sie nur wahr. Anschließend legen Sie die andere Hand auf Ihren Bauch beziehungsweise auf Ihren Solarplexus knapp oberhalb des Bauchnabels – oder halten Sie auch diese Hand ein paar Zentimeter darüber in das Energiefeld. Leicht und ohne zu verkrampfen. Nehmen Sie nun ebenfalls die Innenfläche der zweiten Hand wahr und beobachten Sie wieder genau, was passiert. Empfinden Sie ein Kribbeln, ein Ziehen oder Wärme?

Jetzt richten Sie Ihre Wahrnehmung immer abwechselnd auf die Innenfläche der linken und auf die Innenfläche der rechten Hand. Schließlich nehmen Sie die beiden Innenflächen Ihrer Hände gleichzeitig wahr, und zwar schlussendlich mit derselben Empfindung. Suchen Sie keinen Rat bei Ihrem Verstand, denn der hat sowieso gerade Pause! Beobachten Sie weiter, was passiert und bleiben Sie als Beobachter in der Wahrnehmung. Genießen Sie das Gefühl einer allumfassenden Ruhe. Ihre Hände fühlen sich nicht nur gleich an, sie sind in diesem Augenblick miteinander synchronisiert. Genauso wie Ihre linke und rechte Körperhälfte. Ihr ganzer physischer Körper passt sich an und wird dadurch in die Entspannung gebracht.

In der herkömmlichen Weise wäre die 2-Punkt-Methode an dieser Stelle beendet, bei der Brückmann-Methode wird sie hingegen erweitert! Allerdings mit anderen Mitteln.

Sie lassen beide Hände noch dort, wo sie zur Zeit sind. Der Fokus der Wahrnehmung liegt nun jedoch auf Ihrer Atmung, das heißt, Sie atmen ganz bewusst durch die Nase ein und durch den Mund wieder aus. Beobachten Sie Ihre Atemzüge, die nach wie vor ruhig und gleichmäßig sein sollten. Jetzt gehen Sie hinein in die Imagination und stellen sich so plastisch wie möglich vor, wie Sie mit jedem neuen Atemzug aus Ihrer Wirbelsäule heraus Ihren vollkommen identischen Licht-Zwilling erschaffen. Ihr Double gleicht Ihnen bis in jede Einzelheit wie ein Ei dem anderen, nur dass Ihr Zwilling durchsichtig und leuchtend hell ist, da er ja gänzlich aus Licht besteht! Anfangs ist diese Licht-Gestalt noch klein, aber sie wächst mit jedem Atemzug zu seiner vollen Größe heran. Während der gesamten Reise durch das Abenteuer Ihrer „fantastischen Welt" befindet sich Ihr Licht-Zwilling stets direkt hinter Ihnen und schaut Ihnen bei allem, was Sie erleben, über die Schulter! Weiter nichts. Aber er weicht Ihnen wie ein guter, aber stummer Freund nicht von der Seite. Das wäre ihm auch gar nicht möglich, denn in der Ihrer Imagination verbinden Sie sich direkt mit ihm! An einem ganz bestimmten Punkt oder an einer Stelle sind Ihr physischer (bereits synchronisierter) Körper und Ihr Licht-Zwilling miteinander verkoppelt, das ist die Stelle auf dem Bauch oder Solarplexus. In der Vorstellung binden Sie Ihren Lichtkörper, der sich direkt hinter Ihnen befindet, buchstäblich an sich, sodass Sie beide Stellen (oder Punkte) mit einem stark leuchtenden Lichtstrahl verknüpfen: Von Oberbauch zu Oberbauch entsteht auf diese Weise eine feste

Licht-Verbindung, die während des weiteren Coachings – also während des gesamten interaktiven Erlebens der „fantastischen Welt" – beibehalten wird. Ihr physischer Körper und Ihr Lichtkörper oder Licht-Zwilling bilden während des Agierens eine Einheit. Dass Ihr Licht-Zwilling Sie dabei genau unter die Lupe nimmt, muss Sie dabei nicht weiter stören. Schließlich wird er Sie auch nicht stören! Er wird nichts kommentieren und nichts kritisieren.

Nun sind Sie zusammen mit Ihrem Zwilling bereit, auf die innere Reise zu gehen und können Ihre Hände dabei auf die Oberschenkel legen. Seien Sie offen für alles, was „unterwegs" geschehen kann! Das Abenteuer in der von Ihnen gewählten „fantastischen Welt" beginnt. Als Coach führe ich Sie in die jeweilige Ausgangssituation hinein und fordere Sie im weiteren Verlauf während des Coachings dazu auf, mir Ihre Beobachtungen und Erlebnisse sehr genau zu schildern. Zum Beispiel, wie Ihre Umgebung aussieht, wie sich Ihre Gefühlslage ändert oder welche Aktionen in Ihrer „fantastischen Welt" stattfinden. Oder wen genau Sie auf Ihrem Weg treffen! Zu welchen Begegnungen kommt es? (Und damit ist natürlich nicht der Licht-Zwilling gemeint.) Vielleicht müssen Sie sich verteidigen oder jemandem etwas sehr Wichtiges überbringen?

Was Sie konkret erleben werden, kann natürlich auch ich als Coach nicht wissen. Die Geschichten geben zwar einen Rahmen vor, sind aber so individuell wie die Anwender oder Klienten, welche diese Geschichten ganz bewusst durchleben. Auch wenn die äußere Form dieselbe ist, so ist ihr Inhalt doch immer wieder neu. Was stets vorgegeben ist, ist ein „erlebbarer Weg" von A nach B. Meistens sind Sie in Ihrer Fantasie-Vorstellung zu Fuß unterwegs, zuweilen aber auch im Sitzen, wenn auch nicht die ganze Zeit über. Zum Beispiel in einem Raumschiff. (Ihr physischer Körper sitzt aufrecht in einem Sessel, auf einem Sofa oder auf einem Bett.)

Irgendwann während des Coachings verschmelzen Sie mit Ihrer Geschichte und sind ein Teil Ihrer Fantasiewelt! Aus der anfänglichen Entspannung wird pure Spannung und Lust auf kreative Abenteuer! Aus Meditation wird Interaktion. Ausruhen können Sie dann, wenn Sie schlafen gehen. Bei der Brückmann-Methode ist stattdessen Ihr ganzer Einsatz gefordert, jedenfalls in Ihrer Vorstellung.

Manchmal erinnere ich Sie auch an die Nase-Mund-Atmung und daran, die Licht-Verbindung zwischen Ihnen und Ihrem Licht-Zwilling in der

Imagination aufrecht zu erhalten. Und dass Sie Ihre Absicht und Zielsetzung nicht aus den Augen verlieren.

Gegen Ende jeder fantastischen Reise bekommen Sie eine verschlüsselte Botschaft, die nur für Sie bestimmt ist, das heißt, nur Sie können diese Botschaft auch entschlüsseln. Niemand sonst. Das kann in einem sehr privaten Brief sein, als feuerfeste Mitteilung eines Drachens, auf der Oberfläche eines magischen Spiegels, in einer goldenen Frucht der Erkenntnis, als Holografie, in einem geheimen Dokument oder auf der Wasseroberfläche eines Wunschbrunnens.

Die Erlebnisse in allen sieben „fantastischen Welten" enden auf ein und dieselbe Weise: Um die verschlüsselte Botschaft zu entziffern, ist es notwendig, dass Sie nun in der Imagination die Herzen Ihres physischen Körpers und Ihres Lichtkörpers miteinander verbinden, und zwar durch eine starke und hell leuchtende Licht-Brücke! Mit Ihrem Bestreben, die Ihnen übergebene oder gezeigte Botschaft zu entschlüsseln, begeben Sie sich jetzt auf diese strahlende Licht-Brücke direkt zwischen Ihren „beiden Herzen". In aufmerksamer Wahrnehmung folgen Sie auf der Brücke dem bewussten Weg in das innere Herz Ihres Licht-Zwillings: Um Sie herum auf der Brücke wird es immer wohliger und immer heller, bis Sie schließlich im Inneren Ihres Licht-Herzens angekommen sind. Dort finden Sie die Antwort auf Ihre Frage, die Lösung für Ihr Problem oder den notwendigen Hinweis, um die Botschaft zu verstehen. Lassen Sie sich Zeit!

Wenn der richtige Moment gekommen ist, beenden wir das Coaching gemeinsam. Dieser Moment ist allein Ihre Entscheidung. Sie verlassen über die Licht-Brücke das innere Herz Ihres Zwillings und bedanken sich bei ihm für die Hilfe! Ja, Sie sind erfüllt von Dankbarkeit! Sie trennen die Verbindung zu Ihrem Licht-Zwilling von Herz zu Herz und von Bauch zu Bauch, sodass sich Ihr leuchtendes Double einfach auflösen kann. Dann verlassen Sie die von Ihnen gewählte „fantastische Welt" und kehren allmählich zurück in Ihren Alltag.

In Ausnahmefällen kann es sein, so die Erfahrung, dass diese Antwort, diese Lösung oder dieser Hinweis nicht sofort verfügbar ist, sondern erst eine gewisse Zeit nach dem Coaching innerlich oder äußerlich in Erscheinung tritt. Ebenso kann es vorkommen, dass eine einzelne Sitzung nicht ausreicht, um das gewünschte Ergebnis in Empfang zu nehmen.

Zusammenfassung „Die Methode in der Praxis":

- Eine der „sieben fantastischen Welten" ist
ausgesucht, Absicht und Zielsetzung sind
eindeutig formuliert (Sie erfühlen den
angestrebten Idealzustand), Hinweise zur
Sicherheit und zur Umgebung werden beachtet,
Sie sind auf körperliche Reaktionen vorbereitet
- Das Coaching geschieht in der Regel am Telefon.
- Vertrauen Sie Ihrer Fantasie, Ihrer Intuition und
dem höheren Bewusstsein.
- Zeigen Sie dem Verstand gegebenenfalls die rote
Karte! (Kritik und Zweifel ausblenden)
- Anwendung der 2-Punkt-Methode, mittels
bewusster Atmung erschaffen Sie Ihren„Licht-
Zwilling", Verbindung mit einem hellen
Lichtstrahl von Oberbauch zu Oberbauch
- Der Coach begleitet Sie mental durch Ihre
„fantastische Welt" und stellt Fragen zu Ihren
interaktiven Erlebnissen.
- Gegen Ende erhalten Sie eine verschlüsselte
Botschaft, die nur Sie entziffern können, und zwar
im „inneren Herzen" Ihres „Licht-Zwillings"
(Imagination: Licht-Brücke von Herz zu Herz).
- Sie sind erfüllt von Dankbarkeit!
- Ausnahmefälle

Das Ergebnis überprüfen

Ob die entschlüsselte Botschaft, die Antwort oder die Lösung für Sie stimmt und richtig ist, können natürlich nur Sie wissen! Gleichzeitig spüren Sie es in Ihrem Inneren, das Ergebnis fühlt sich nicht nur gut an, sondern so, als hätte es eine Mauer zum Einstürzen gebracht, eine Woge der Erleichterung und Freude ausgelöst! Die Blockade ist weg und vielleicht beginnt in naher Zukunft sogar ein völlig neuer Lebensabschnitt in einer derart positiven Qualität, wie es noch nie zuvor der Fall gewesen ist.

Wenn dabei Zweifel in Ihnen aufsteigen, meldet sich auf jeden Fall Ihr Verstand zu Wort. Dazu könnte das Gefühl entstehen, dass von der Blockade einige wenige, doch hartnäckig störende Reste den Prozess überdauert haben. Dann sind Sie mit Ihrer Zielsetzung nicht vollständig in Resonanz. Falls Sie sich nämlich nicht sicher sind, ob Sie Ihre formulierte Absichtserklärung am Ende auch eingelöst haben, gibt es eine ganz einfache Möglichkeit der Überprüfung.

Gemeint ist die sehr bewährte Fenster-Technik.

Anwendung: Nach dem Ende Ihrer „fantastischen Reise" befinden Sie sich energetisch immer noch mit einer höheren Bewusstseinsebene in

Wechselwirkung. So, als hätten Sie gerade ein Vollbad hinter sich; das Wohlgefühl hält auch unmittelbar danach noch eine Weile an, nachdem Sie bereits aus der Wanne gestiegen sind.

In Ihrem Fall sitzen Sie nach wie vor aufrecht und atmen gleichmäßig durch die Nase ein und durch den Mund wieder aus. Sie gehen also in die Anfangsposition des Coachings zurück und legen die Hände wie zuvor auf den Brustkorb und auf den Bauch. Schließen Sie die Augen und stellen Sie sich nun möglichst plastisch vor, dass Sie – in Augenhöhe – direkt neben einem geschlossenen Fenster sitzen. Denken Sie nicht zu viel darüber nach und lassen sich spielerisch darauf ein.

Sie fokussieren sich auf das Ergebnis oder die Botschaft, die Sie am Ende des Coachings empfangen haben – entweder für sich in der Stille oder sprechen die Botschaft laut aus – und fragen danach, ob diese für Sie richtig oder falsch ist.

Mit der „energetisch aufgeladenen" Hand vor Ihrem Brustkorb – denn dieser Bereich strahlt von Ihrem Körper die stärkste Energie ab – versuchen Sie jetzt in Ihrer Imagination, das Fenster neben Ihnen sanft aufzustoßen. Sie stellen sich also vor, dass Sie Ihre „Herz-Hand" gegen die Glasscheibe drücken, als wäre dies ein Vorgang in Ihrer Realität.

In gewisser Weise ist es das auch, da die Überprüfung einem kinesiologischen Muskeltest gleichkommt. Die Angewandte Kinesiologie stammt aus den 6oer Jahren und ist zurückzuführen auf den amerikanischen Chiropraktiker George Goodheart. Dabei gibt die Muskelspannung eine positive Rückmeldung und nicht die Entspannung, wie man vermuten könnte. Zurück zur Fenster-Technik: Bleibt das Fenster zu und die Scheibe hält dem Druck stand, können Sie davon ausgehen, dass die entschlüsselte Botschaft, die empfangene Antwort oder die Lösung für Ihr Problem genau richtig gewesen ist! Und zwar ganz persönlich für Sie bestimmt. Sie können also die Kraft halten, weil die Antwort wahr ist. Die Blockade ist somit restlos verschwunden.

Gelingt es Ihnen allerdings, das Fenster problemlos und ohne Widerstand zu öffnen, drücken Sie in Ihrer Vorstellung mit Ihrer Hand die Glasscheibe nach außen. Das bedeutet, dass sich die energetische Blockade noch nicht gänzlich gelöst hat! Demnach ist die entschlüsselte Botschaft, die Sie empfangen haben, unvollständig oder lückenhaft.

In diesem Fall sollten Sie entweder die nächsten Stunden oder Tage einfach abwarten, ob Ihnen die fehlenden Informationen innerlich oder äußerlich – meist sehr unerwartet während des Alltags – „nachgeliefert" werden. „Innerlich nachgeliefert" bedeutet, dass Ihnen die Lösung plötzlich einfällt. „Äußerlich nachgeliefert" bedeutet, dass Sie die Lösung durch einen Impuls von außen bekommen. Das kann zum Beispiel ein Gespräch sein, die Schlagzeile einer Zeitung etc. Bleibt die Antwort aus, formulieren Sie eine neue, verbesserte Absicht und Zielsetzung, um das Coaching nach der Brückmann-Methode zu wiederholen.

Währenddessen ist es wichtig, dass Sie sich bei dem Thema oder den Zustand, den Sie positiv verändern möchten, nicht selbst belügen. Das ist natürlich nicht immer einfach, wenn es um Dinge geht, die seit Jahren zu den inneren Belastungen gehören, die Sie lieber verdrängen als wirklich anzuschauen. Seien Sie mutig! Denn irgendwann werden Sie feststellen, dass Sie schon längst die Hürden hinter sich gelassen hätten, da sie im Rückblick eigentlich gar keine Hürden gewesen sind. Machen Sie sich nicht kleiner als Sie sind und vergessen Sie nie, wer Sie in Wahrheit sind: Ein bewusstes Schöpferwesen!

Zusammenfassung „Das Ergebnis überprüfen":

- Um das Ergebnis zu überprüfen, das Sie am Ende Ihrer „fantastischen Reise" bekommen haben, hat sich die Fenster-Technik bewährt
- Sie gehen zurück in die Ausgangsposition des Coachings zur 2-Punkt-Methode.
- In der Imagination sitzen Sie direkt neben einem geschlossenen Fenster.
- Sie fokussieren sich auf das Ergebnis (entweder still oder sprechen es laut aus) und fragen danach, ob es für Sie richtig oder falsch ist.
- Mit der „Herz-Hand" (Brustkorb) versuchen Sie jetzt, das Fenster sanft aufzustoßen: Hält die Fensterscheibe dem Druck Stand, ist das Ergebnis für Sie richtig. Gelingt es Ihnen hingegen, die Fensterscheibe ohne Widerstand zu öffnen, ist das Ergebnis für Sie unvollständig und lückenhaft (kinesiologischer Muskeltest). Die energetische Blockade ist noch nicht ganz gelöst.
- Später im Alltag können fehlende Informationen „nachgeliefert" werden. Falls nicht, wiederholen Sie die Brückmann-Methode mit einer neu formulierten Absichtserklärung!

Die Matrix

Betrachten wir nun das zweite große Fachgebiet der Quantenphysik, die Quantenfeldtheorie. Dieses nicht-materielle Informationsfeld wird auch als „die Matrix" bezeichnet. Das Wort an sich hat verschiedene Bedeutungen. Zwei Beispiele: In der Mathematik ist die Matrix eine Anordnung in Tabellen-Form, in der Biologie hingegen die Substanz oder der Gewebeanteil zwischen den Zellen (Extrazelluläre Matrix). Das Wort stammt aus dem Lateinischen „matricis" und bedeutet spannenderweise „Gebärmutter".

Der Begriff „die Matrix" hat durch den gleichnamigen Science-Fiction-Film mit Keanu Reeves in der Titelrolle des Hackers „Neo" aus dem Jahr 1999 (Regie: Lana und Lilly Wachowski) sehr an Popularität gewonnen. In dem Film geht es um künstliche Intelligenz und virtuelle Realität. „Die Matrix" wird als grüner Code innerhalb eines Gitternetzes dargestellt, bestehend aus unterschiedlichen Schriftzeichen. Inhaltlich bleibt der Film eine hervorragend umgesetzte Science-Fiction-Geschichte, in seiner Philosophie nähert er sich aber durchaus dem Informationsfeld der Quantenfeldtheorie an.

Das Informationsfeld besteht – wie das Wort ja

schon sagt – aus Informationen. Und diese sind schlichtweg vorhanden, und zwar allgegenwärtig. Alle Möglichkeiten von Wirklichkeiten sind in diesem Feld gespeichert und vorhanden, sodass die quantenmechanische „Verschränkung" auch für die Quantenfeldtheorie gilt und in ihr wirksam ist. „Die Matrix" oder „das Quantenfeld" meint hier also ein Energiefeld. Und Energie geht nicht verloren, sondern wird stets umgewandelt. Demnach ist alles mit allem unsichtbar verbunden oder vernetzt. Alles ist holografisch miteinander „verschränkt". Das Feld liegt außerhalb von Raum und Zeit und beeinflusst alle Lebewesen in ihren unterschiedlichsten Dimensions- oder Bewusstseinsebenen innerhalb einer energetischen Verdichtungs-Skala, die mit dem Verstand nicht greifbar ist, weil Unendlichkeit in unserer Vorstellungskraft nicht vorkommt. Mit anderen Worten: „die Matrix" könnte neben „Gott" oder „das Universum" als weiteres Synonym für das höchste Bewusstsein herangezogen werden.

Übrigens haben wissenschaftlich messbare Versuche gezeigt, dass isolierte DNS – also die menschliche Erbsubstanz – außerhalb des Körpers emotional beeinflussbar ist. Und zwar auch dann noch, wenn zwischen dem Spender und seiner

Probe eine Trennung von vielen Kilometern liegt.

In der Quantenphysik reicht die Quantenfeldtheorie über die Quantenmechanik weit hinaus. Die Wellenfunktion wird durch die so genannte „zweite Quantisierung" erweitert, um – salopp ausgedrückt – nicht nur ein oder einige, sondern sehr viele Teilchen in ihrem quantenphysikalischem Verhalten in Bezug auf Felder mathematisch zu erfassen. Es geht also um „Vielteilchensysteme" in höchst komplizierten Berechnungen. Immer höhere Rechenleistungen sind dazu notwendig.

In der Relativitätstheorie nach Einstein ist die Lichtgeschwindigkeit – etwa 300.000 Kilometer pro Sekunde – die oberste Grenze der überhaupt möglichen Geschwindigkeit innerhalb eines Raumes. Dieser wird zum Beispiel von einem Teilchen von A nach B durchquert und dabei die Dauer der Durchquerung gemessen beziehungsweise berechnet. Was aber passiert, wenn die Berechnung nicht möglich ist, nicht weil die Relativitätstheorie ein Vakuum voraussetzt, sondern weil die Durchquerung des Raumes trotz des Vorhandenseins des Teilchens am Ziel B gar nicht stattgefunden hat? Oder das Teilchen ist sogar schneller als die Lichtgeschwindigkeit gewesen? (Stichwort „Tachyonen") Damit sind wir wieder bei quantenphysikalischen Phänomenen, die wissenschaftlich nachgewiesen sind.

Albert Einstein bekam den Nobelpreis für Physik 1921 übrigens nicht für die Relativitätstheorie, sondern für die Erklärung des „photoelektrischen Effekts", einer gedanklichen Weiterentwicklung nach der quantenphysikalischen Vorlage von Max Planck (Lichtwellen verhalten sich wie Teilchen).

In der Teilchenphysik sind Quantenfeldtheorie und Relativitätstheorie nur partiell in Einklang gebracht, obwohl die physikalische Grundlagenforschung eine vollständige Vereinigung anstrebt, um zu einer „Theorie von allem" („Theory of Everything") zu gelangen. Dies jedoch kann nur unter Einbeziehung des Bewusstseins geschehen.

In einem physikalischen Feld – und auch in dem Spielfilm „Die Matrix" – geht es um eine Kraft-Einwirkung. Bewusstsein ist davon nicht tangiert. Es HAT keine Einwirkungen welcher Art auch immer. Es IST. Punkt.

Geht man aber davon aus, dass eine Kraft-Einwirkung erst durch die Beobachtung des Beobachters als Möglichkeit von Wirklichkeit gewählt und damit zur Realität wird, lässt sich die Quantenphysik auch hier ganzheitlich erklären.

Der bewusste Fokus der Wahrnehmung ist

sozusagen die „Gebärmutter" unserer Realität. Alle Informationen, die überhaupt vorstellbar sind, befinden sich in der Matrix. Es bleibt die Frage, ob sie sich grundsätzlich schon immer dort befunden haben, oder ob die Informationen erst entstehen, wenn sie durch das Bewusstsein reaktiviert beziehungsweise hervorgerufen werden. Im ersten Fall wäre unser Leben ganz und gar vorherbestimmt, im zweiten Fall wären wir die Schöpfer unseres eigenen Schicksals.

Die Ausrichtung auf die Matrix und somit auf ein energetisch hochwirksames Quantenfeld ist in meinen Augen nur eine weitere Beschreibung dafür, in den Zustand eines höheren Bewusstseins zu gelangen, um dort Informationen zu erhalten, die sich positiv auf den eigenen Lebensweg auswirken.

Ganz sicher sind wir als Menschen nicht „gefangen" in einem unsichtbaren Informations-Netz, welches uns eine virtuelle und kontrollierte Welt vorgaukelt, so wie es im Spielfilm „Die Matrix" erzählt wird. Und ganz sicher müssen wir uns daraus nicht befreien. Wir sollten das Ganze erst einmal als Energie-Verdichtung erkennen, um es dann für uns nutzbar zu machen.

Zusammenfassung „Die Matrix":

- Die energetische Matrix oder das Quantenfeld
wird als Informationsfeld dargestellt, in welchem
alle Möglichkeiten von Wirklichkeiten vorhanden
sind, die das Bewusstsein wählen kann, um
Realität zu kreieren und zu gestalten.
- Alles ist mit allem unsichtbar verbunden und
holografisch miteinander „verschränkt".
- Vergleich zum Science-Fiction-Film „Die Matrix"
- Das Feld liegt außerhalb von Zeit und Raum und
beeinflusst dennoch alle Lebewesen in ihren
unterschiedlichen Dimensionsebenen und Graden
der energetischen Verdichtung.
- „die Matrix" als Synonym für das höchste,
göttliche Bewusstsein
- In der Quantenfeldtheorie geht es um die
Berechnung von Vielteilchensystemen.
- Die Lichtgeschwindigkeit als oberste Grenze der
möglichen Geschwindigkeit ist fraglich.
- Das physikalische Bestreben zu einer „Theorie
von allem" kann nur unter Einbeziehung des
Bewusstseins gelingen.
- Der bewusste Fokus der Wahrnehmung ist die
„Gebärmutter" unserer Realität.
- die Matrix als Energie-Verdichtung

Im Hier und Jetzt

Fantasie und Kreativität liegen außerhalb von festen Zeit-Strukturen. Nach diesem Prinzip ist das Handeln von Kindern aufgebaut: Deshalb sollten wir wieder lernen, wie Kinder zu sein. Kinder sind frei und unbeschwert und können sich der Zeit einfach hingeben. Bei einem Erwachsenen, der den mutmaßlichen „Ernst des Lebens" fortwährend und unbewusst in seine Realität umsetzt, ist längst das Gegenteil eingetreten: Die Zeit begleitet nicht nur sein Leben, sie bestimmt sein ganzes Dasein. Die Zeit für Fantasie und Inspiration fehlt. Ein Erwachsener schwimmt meist gegen die Zeit und hat verlernt, nicht nur die eigene Fantasie zu erwecken, sondern vor allem sich dieser hinzugeben und anzuvertrauen.

Kinder sind beim Spielen vollkommen im Hier und Jetzt, außerhalb von Vergangenheit und Zukunft. Sie haben die Zeit um sich herum völlig vergessen und befinden sich in einer unendlichen Gegenwart, die keinen Anfang und kein Ende hat. Diese Gegenwart befindet sich ausschließlich im Hier und Jetzt! Dies bedeutet, ganz mit dem ICH BIN in der Gegenwart zu SEIN.

Das mag sich abstrakt anhören, doch man kann es

trainieren, sich auch im Alltag bestimmten Tätigkeiten mit allen Sinnen voll und ganz hinzugeben. Ein Beispiel, das jeder kennt: Haare waschen. Welche Farbe hat Ihr Shampoo? Wie fühlen sich Ihre Haare an, wenn sie nass sind? Wie fühlen sie sich an, wenn Sie das Shampoo darin verteilen? Welche Konsistenz hat der Schaum, der sich dabei bildet? Was empfinden Sie, wenn die Haare schließlich getrocknet und neu frisiert sind? Und so weiter. Denken Sie gar nicht darüber nach oder noch schlimmer analysieren es, sondern fühlen Sie es einfach und nehmen Sie es wahr. Genießen Sie den Moment! Der Verstand bleibt dabei außen vor.

Leider gibt es viele Menschen, die nie gelernt haben, das Leben zu genießen – und somit nie in der Gegenwart ankommen, das heißt, sie machen alles halbherzig oder sind mit den Gedanken, mutmaßlichen Sorgen und Problemen ständig in der Zukunft. Solche Menschen verpassen nicht nur das Leben, sie verpassen am Ende sich selbst und die möglichen Zeitpunkte einer positiven Weiterentwicklung. Das Ergebnis ist entweder Verbitterung, Resignation oder Krankheit.

Leben im Hier und Jetzt bedeutet auch, in der richtigen Zeit am richtigen Ort zu sein! Dies lässt sich nicht planen, sondern ist ein Resultat der

Intuition, des „Bauchgefühls".

Man sollte dabei immer bedenken, dass Vergangenheit und Zukunft Illusionen sind. Die Vergangenheit ist bereits vorbei und die Zukunft, vor der so viele Menschen Angst haben, ist noch gar nicht geschehen! Sie ist nur eine Vorstellung, eine Vermutung, wie eine Situation sein könnte. Weiter nichts. Wer also in Gedanken oft in der Vergangenheit oder in der Zukunft unterwegs ist, verbaut sich selbst ein aktives Leben in der Gegenwart, im Hier und Jetzt. Dies ist der einzige Zeitpunkt, an dem das Leben stattfindet! Man kann nicht vorher oder später leben, nur in diesem Augenblick.

Auch das Bereuen einer falschen Entscheidung in der Vergangenheit hilft keinem weiter.

Was aber machen Sie, wenn es Ihnen so schlecht geht, dass Sie das Hier und Jetzt nicht ertragen können? Ganz einfach und oft ziemlich schwer zugleich: Sie akzeptieren die Situation voll und ganz. Oft ist es zudem nur ein Urteil des Verstandes. Akzeptieren Sie die Situation nämlich nicht, werden Sie schnell zum Opfer Ihrer negativen Empfindungen! Wichtig ist es zu erkennen, Sie HABEN diese oder jene negative Empfindung, Sie SIND es nicht!

Die Situation kann sich genauso schnell wieder

ändern – durch Optimismus, Zuversicht oder Humor. Nicht durch ständiges Grübeln. Sobald Sie über etwas lachen können, hat es seine Negativität verloren, und zwar zuverlässig!

Vertrauen Sie sich selbst und Ihrer „inneren Stimme" oder Ihrem „Bauchgefühl", Ihrer Intuition, Inspiration und Fantasie. Dann sind Sie wieder im Vertrauen zur Gegenwart, im Vertrauen zum Hier und Jetzt. Seien Sie ein aktiver Teil der Schöpfung und damit Ihres eigenen Lebens. Viel Spaß und viel Freude!

Zusammenfassung „Im Hier und Jetzt":

- Die meisten Erwachsenen haben es im Gegensatz
zu Kindern verlernt, im Hier und Jetzt zu sein.
- Zeit für Fantasie und Inspiration fehlt
- Das „Hier und Jetzt" meint die unendliche
Gegenwart des ICH BIN ohne die Zeit.
- Das Hier und Jetzt ist auch im Alltagsleben
erfahrbar durch bewusste sowie genussvolle
Wahrnehmung außerhalb des Verstandes.
- Menschen mit ständigen Sorgen und Angst um
die Zukunft schwören Probleme herauf, die es
noch gar nicht gibt. Auch das Bereuen einer
falschen Entscheidung in der Vergangenheit hilft
keinem.
- Leben ist nur im Hier und Jetzt möglich, man
kann nicht vorher oder nachher leben.
- Akzeptieren Sie auch jede negative Erscheinung,
die Sie HABEN, aber nicht SIND. Bleiben Sie im
Optimismus, in der Zuversicht und im Humor.
- Vertrauen Sie wieder Ihrer Intuition, Inspiration
und Fantasie, dann vertrauen Sie sich selbst und
Ihrer Gegenwart im Hier und Jetzt.
- Seien Sie ein aktiver Teil der Schöpfung!

Buch-Empfehlungen

Kurt Tepperwein, „Die Geistigen Gesetze – Erkennen, verstehen, integrieren", Goldmann Verlag, Arkana München in der Penguin Random House Verlagsgruppe GmbH, München 1992, Neuausgabe 2002, ISBN 978-3-442-21610-9

Kurt Tepperwein, „Was wünschst du dir vom Leben? - Das Resonanzgesetz als Weg zu Selbsterkenntnis und Selbstverwirklichung", Goldmann Verlag, Arkana München in der Verlagsgruppe Random House GmbH, München 2011, ISBN 978-3-442-21949-0

Gregg Braden, „Im Einklang mit der göttlichen Matrix – Wie wir mit Allem verbunden sind", Titel der Originalausgabe: „The Divine Matrix", Original English Language Publication 2007 by Hay House, Inc. California, USA. Deutsche Ausgabe: KOHA Verlag GmbH, Burgrain 2014, ISBN 978-3-86728-021-1 (Vortrag von Gregg Braden mit dem gleichen Titel auf DVD, ebenfalls erschienen im KOHA Verlag)

Gregg Braden, „Der Realitäts-Code – Wie Sie Ihre Wirklichkeit verändern können", Titel der

Originalausgabe: „The Spontaneous Healing of Belief", Original English Language Publication 2008 by Hay House, Inc. California, USA. Deutsche Ausgabe: KOHA Verlag GmbH, Burgrain 2011, ISBN 978-3-86728-59-4

Dr. Frank Kinslow, „Quantenheilung – Wirkt sofort – und jeder kann es lernen", Titel der Originalausgabe: „The Secret of Instant Healing", 2008 by Lucid Sea, LLC. Deutsche Ausgabe: VAK Verlags GmbH, Kirchzarten bei Freiburg 2009, ISBN 978-3-86731-039-0

Johanna Hetzner, „Quantenheilung für Körper und Seele – Das Praxisbuch zur 2-Punkt-Methode", Graefe und Unzer Verlag, München 2012, ISBN 978-3-8338-2716-7

Ulrich Warnke, „Quantenphilosophie und Spiritualität – Wie unser Wille Gesundheit und Wohlbefinden steuert", erstmals erschienen 2011 unter dem Titel „Quantenphilosophie und Spiritualität – Der Schlüssel zu den Geheimnissen des menschlichen Seins" im Scorpio Verlag München. Goldmann Verlag in der Verlagsgruppe Random House GmbH, München 2017, ISBN 978-3-442-22179-0

Jörg Starkmuth, „Die Entstehung der Realität – Wie das Bewusstsein die Welt erschafft", Originalausgabe 2005 erschienen im Eigenverlag des Autors. Goldmann Verlag, Arkana München in der Verlagsgruppe Random House GmbH, München 2010, ISBN 978-3-442-21962-1

Lynne McTaggart, „Das Nullpunkt-Feld – Auf der Suche nach der kosmischen Ur-Energie", Titel der Originalausgabe: „The Field", 2001 by HarperCollins Publishers, London. Deutsche Ausgabe: Goldmann Verlag, Arkana München in der Verlagsgruppe Random House GmbH, München 2002, ISBN 978-3-442-21798-4

Eckhart Tolle, „Jetzt! Die Kraft der Gegenwart – Ein Leitfaden zum spirituellen Erwachen", Titel der Originalausgabe: „The Power of Now – A Guide To Spiritual Enlightenment", 1997 by Namaste Publishing Inc. Vancouver, Canada, British Columbia, V6J1Z1. Deutsch Ausgabe: J. Kamphausen Verlag & Distribution GmbH, Bielefeld 2004, ISBN 3-933496-53-5

Jiddu Krishnamurti, „Einbruch in die Freiheit", Titel der Originalausgabe: „Freedom from the Known", 1973 by Krishnamurti Foundation. Deutsche

Ausgabe: Verlag Ullstein GmbH, Frankfurt am Main – Berlin 1996, ISBN 3-548-34103-9

Erich Fromm, „Haben oder Sein – Die seelischen Grundlagen einer neuen Gesellschaft", Titel der Originalausgabe: „To Have or to Be?", 1976 by Harper & Row. Publishers, New York. Deutsche Ausgabe: Deutsche Verlags-Anstalt GmbH/ Deutscher Taschenbuch Verlag, Stuttgart 1976, ISBN 3-423-30048-5

 Masaru Emoto, „Wasserkristalle – Was das Wasser zu sagen hat", Titel der Originalausgabe: „Water is tell us precious things", 2001 by IHM, Tokio, Japan. Deutsche Ausgabe: KOHA Verlag GmbH, Burgrain 2002, ISBN 3-929512-20-3

Satprem, „Sri Aurobindo oder Das Abenteuer des Bewusstseins", Titel der Originalausgabe: „Sri Aurobindo ou l'Aventure de la Conscience", 1970 Éditions Buchet/ Chastel, Paris. Deutsche Ausgabe: Aquamarin Verlag 2018, ISBN 978-3-89427-832-8

Empfehlen möchte ich zudem die Interviews von Bettina Geitner für ihren Youtube-Kanal, ganz besonders mit Kurt Tepperwein!

Über den Autor

Udo Brückmann, geb. 1967, lebt als Autor und Dozent im ländlichen Niedersachsen. Nach dem Abitur Studium der Philosophie und Kunstgeschichte in Berlin, verschiedene Tätigkeiten für Bühne, Film und Fernsehen. Ausbildung zum Stadtführer in Potsdam, später Ausbildung im Szenischen Schreiben, pädagogische Ausbildungen in den Bereichen Inklusion und Integration sowie Deutsch als Fremdsprache für Anfänger (DaF), Lehraufträge als Dozent im Volkshochschulbereich. Journalistische Erfahrungen, Kosmopolit, Reisen rund um die Welt, Beschäftigung mit Spiritualität und Bewusstsein sowie fremden Kulturen, eigene Coachings nach der Brückmann-Methode. Arbeit als Autor: Kriminalromane, Fantasy-Romane, historischer Roman, Kurzgeschichten sowie Lyrik.
2011 sind die „Kindergedichte" erschienen, nachdem der NDR in Hamburg das „Holzwurm"-Gedicht für „Mikado – Radio für Kinder" vertont hatte. Es folgten zahlreiche Veröffentlichungen in Zeitschriften und Anthologien für verschiedene Verlage, besonders Kurzgeschichten und Lyrik: „SternenBlick" Berlin, Burgenwelt Verlag Bremen, Wendepunkt Verlag Weiden, Art Skript Phantastik

Verlag Salach u.a. 2014 Veröffentlichung des Gedichtbandes „Gedanken aus Licht" zum Thema Spiritualität und Bewusstsein. Für den Geest-Verlag Vechta entstanden zwischen 2013 und 2017 die Romane „Zirkus Konzentrazani" (zusammen mit Volker Hedemann über die Hintergründe des berühmten „Moorsoldatenliedes", KZ Börgermoor 1933; Buchpremiere in der Gedenkstätte Esterwegen.), „Ewig blüht das Leben" (Kriminalroman als Gesellschaftssatire zum Thema der Unsterblichkeit, fiktiver Hintergrund ist die Kräutermedizin der Hildegard von Bingen sowie die alchemistische Spagyrik nach Paracelsus) und „Mords-Hochschule – Bildung für alle" (Kriminalroman als satirische Betrachtung auf die deutsche Pädagogik vor einem gesell-schaftspolitischen Hintergrund). Als Szenische Lesung gemeinsam mit der Fernseh-Schauspielerin Manon Straché erlebte die "Mords-Hochschule" neu konzipiert eine zweite Premiere im September 2019. Im gleichen Jahr Vertonung einer "Kindergedichte"-Auswahl durch den Kinderradiokanal (KiRaKa) des Westdeutschen Rundfunks Köln, seit 2020 Mitarbeit am Märchen-Projekt "BroOma" der Schauspielerin und Sprecherin Frauke Poolman, Beiträge auf Youtube und für verschiedene Podcast-Anbieter.

Bisherige Veröffentlichungen für Books on Demand (BoD), Norderstedt:
„Kindergedichte", ISBN 978-3-8423-7955-8
Gedanken aus Licht – Gedichte", ISBN 978-3-7347-3654-4
Beide Gedichtbände sind sowohl als Taschenbuch als auch als E-Book erhältlich.

Roman-Veröffentlichungen im Geest-Verlag, Vechta:
„Zirkus Konzentrazani – Ein Roman gegen das Vergessen", ISBN 978-3-86685-420-8
„Ewig blüht das Leben – Ein dörflicher Kriminalroman", ISBN 978-386685-540-3
„Mords-Hochschule – Bildung für alle", ISBN 978-3-86685-650-9

Ausführliche Informationen zu meiner Person und zu meiner Arbeit finden Sie auf meiner Webseite:
https://www.udo-brueckmann.de

Natürlich ist dort auch eine zusammenfassende Beschreibung der Brückmann-Methode sowie der Buchungs-Vorgang nachzulesen.
Auf meiner Webseite werden Sie ebenfalls zu einem Kontaktformular verlinkt, welches Sie direkt zu meinen Coachings führt.

Als Coaching-Klassiker für alle, die Ihre Zeit besser und effektiver nutzen möchten, ist noch eine zusätzliche Möglichkeit im Angebot, nämlich ZEITMANAGEMENT. Auch für Firmen im Rahmen von Unternehmensberatungen! Die sieben besten Methoden stehen dabei zur Auswahl: Das Pareto-Prinzip, die Prioritäten-Matrix, die ABC-Analyse, das Eisenhower-Prinzip, die ALPEN-Methode, die SMART-Methode sowie Küss' den Frosch.

Quellennachweis: Das Zitat von Max Planck auf Seite 3 stammt von folgender Webseite: https://beruhmte-zitate.de/autoren/max-planck/

Danksagung

*Mein Dank gilt Willehad Heyermann, Christa und Günter
Unglaub, Silvia Stoll, Saskia Walentowitz, Dirk
Nilsson, Dorothy Nesbit, Olver Schell
sowie meiner Familie*

Die Brückmann-Methode
Erlebbare Wege
in fantastischen Welten

Coachings

...also available in English!

**The Brueckmann-Method
Tangible ways in fantasy worlds
Coaching**